KB140355

중등

역사 암기법

연상달인 편저

**중등
역사 암기법**

초판 1쇄 인쇄 2019년 05월 20일
지은이 연상달인
펴낸이 이승훈
펴낸곳 해드림출판사
주 소 서울 영등포구 경인로82길 3-4(문래동1가 39)
센터플러스빌딩 1004호(우편 07371)
전 화 02-2612-5552
팩 스 02-2688-5568
E-mail jlee5059@hanmail.net

등록번호 제87-2007-000011호
등록일자 2007년 5월 4일

ISBN 979-11-5634-344-8

중등 역사
암기법

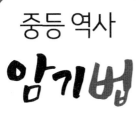

연상달인

특징을 빨리 잡아내는 것이
암기의 첫걸음
연상은 강렬하고 특이할수록
더 잘 기억된다!

☀ 해드림출판사

중등 역사 1

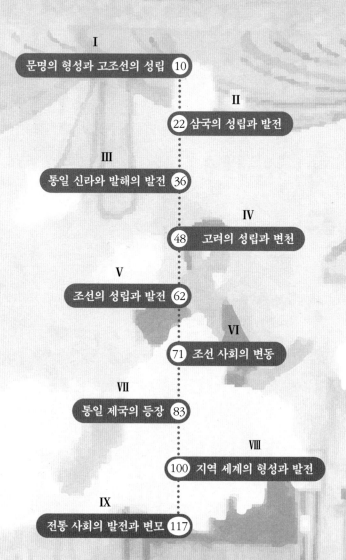

I

문명의 형성과 고조선의 성립 10

II

22 삼국의 성립과 발전

III

통일 신라와 발해의 발전 36

IV

48 고려의 성립과 변천

V

조선의 성립과 발전 62

VI

71 조선 사회의 변동

VII

통일 제국의 등장 83

VIII

100 지역 세계의 형성과 발전

IX

전통 사회의 발전과 변모 117

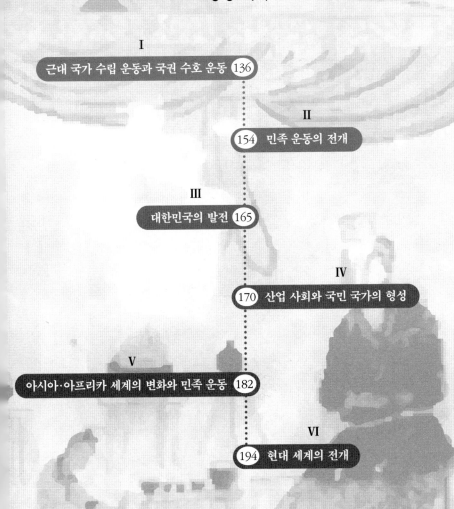

중등 역사 2

I
근대 국가 수립 운동과 국권 수호 운동 136

II
154 민족 운동의 전개

III
대한민국의 발전 165

IV
170 산업 사회와 국민 국가의 형성

V
아시아·아프리카 세계의 변화와 민족 운동 182

VI
194 현대 세계의 전개

연상 기억법의 원리

기억하면 오래도록 잊지 않는다.

무의미한 것은 기억에 잘 남지 않고,

의미가 있는 것은 기억에 남기 쉽다.

특징을 빨리 잡아내는 것이 암기의 첫걸음.

연상은 강렬하고 특이할수록 더 잘 기억된다.

상상력을 충분히 활용.

습관이 되고 나면 연상은 불과 몇 초면 족하다.

특징이 없다면 이름을 바꿔본다든가, 어떤 것을 덧붙인다든가,

일부만을 사용해서 그림을 바꾼다.

될 수 있는 대로 밀접하고 직접 결합된 상태를 상정할 것.

인상이 강한 연상 결합을 해야 한다.

평범한 상태보다 엉뚱한 상태, 작은 것보다 큰 것을 상정.

중등 역사 1

문명의 형성과 고조선의 성립

2. 우리나라와 세계 여러 지역의 선사 문화

＊랑케-역사가는 자신을 숨기고죽이고 사실로~, 객관적
　　오랑캐가 몸을 **숨기고** 잠입, **죽인다.**
　　사실이랑께. **(사랑)**
　　오**랑캐**사신이 **객관**에 머문다.

＊크로체(기록으로서의 역사), 카(역사란 과거와 현재의 대화)
　　크로키. 그린다. **(기록)**
　　카(차)를 타고 **과거와 현재**를 **끊임없**이 오가.

＊오스트랄로피테쿠스 아파렌시스-최초의 인류
　　최초의 인류도 핏대**(피테)**를 냈다.
　　핏대를 내면 잘 **아파.**

＊호모 에렉투스-곧선사람, 불, 언어
　　투스타(별 둘)는 **곧선**(성공한)**사람.**
　　투스타가 불같이 화를 내며 말**(언어)**로 조져. (시찰 나와서)

＊호모 에렉투스-베이징·자바·하이델베르크 인, 무리지어 사냥

베이징에는 **투스타**(☆)가 많다.

(힘 있는) **투스타**를 잡아(**자바**)! (영입)

투스타는 **하이**(높다)!

투스타가 시찰 때 (참모진이) **무리지어** 수행.

＊호모 네안데르탈(독일)-시체 매장

네, 안데르센은 **호모**예요.

네, 안데르센의 **시체**를 매장했어요.

네, 안데르센은 **독**한 사람이 아니에요. (**네 안**의 **독**소가 널 ~)

＊호모 사피엔스-현생 인류의 조상

사람의 **피**가 섞여서 **현생 인류**.

＊호모 사피엔스-크로마뇽 인, 동굴 벽화

로마인은 **사람**의 **피**를 가졌어.

크레용(**크뇽**)으로 **벽화**를 그려.

＊구석기-검은모루 동굴, 공주 석장리, 청원 두루봉 동굴(어린아이 뼈)

검(칼)**은** 모르(**모루**)지만 **구**경은 했어.

구들장 **석장**을 깔다.

두루두루 **구**경하삼~

우리 **아이**가 **두루**두루 잘되게 기도(**청원**).

＊구석기-슴베찌르개, 단양 수양개

구석진 곳으로 끌고 가 가슴과 배(베)를 **찌르고**~

구석진한적한 곳에서 **수양**. (**구수한 양**념)

＊신석기-제주 고산리, 양양 오산리, 황해 봉산 지탑리

제주 여행갈 때 **신**나! (**신**나서 **양양**!)

봉산탈춤 출 때, **탑**돌이 할 때 **신**나!

＊황해 봉산 지탑리(신)-탄화된 좁쌀

좁쌀을 봉지에 담아. (배급 탈 때 **신나**!)

＊신석기-빗살무늬·덧무니 토기

신운동화에 **빗살**(줄)무늬. (**덧신**)

＊신석기-농경, 가락바퀴, 뼈바늘

금**가락**지를 끼고 **신**나! (**농신**농심)

신발을 **뼈바늘**로 꿰매.

＊신석기-조개껍데기 가면, 사람 얼굴 조각상

(조개껍데기) **가면**을 쓰고 **신**나게 춤을~
내 **얼굴** 이뻥~ **신나**!

3. 문명의 형성과 발전

＊수메르-메소포타미아 문명
  수메르는 수루메(말린 오징어)로 바꿔서.
  수루메(**수메르**)를 **소포**로 발송, **메일**로 통보.

＊수메르 도시 국가-우르, 라가시
  수루메(**수메르**)를 사려고 **우르**르 몰려가.
  수루메 왈, "나(**라**) **가시**가 없어."

＊수메르-지구라트, 점성술
  지구인들, 수루메(**수메르**) 먹어. (술안주)
  수루메(**수메르**) 잡을 날짜를 **점**쳐.

＊수메르-태음력, 60진법, 쐐기 문자
  음력설에 수루메(**수메르**)를 **소포**로 발송.
  수루메 육(**6**)회.
  쐐기(낚시)로 **수루메**를 잡아.

＊바빌로니아 왕국-함무라비, 메소포타미아 통일

함부로 **무**리하게 바벨(**바빌**)을 들지 마. (부상)

바벨을 **소포**로 발송, **메일**로 통보.

함부로 **무**리하게 **메일**을 보내지 마.

바벨로 **소포**를 박살! (**통일**)

＊바빌로니아(메소포타미아)-히타이트에 멸망

(뜨거운) **히타**의 열이 바벨(**바빌**)을 녹여.

히타의 열이 **매일 소포**를 태워.

＊히타이트-철제 문화

철제 히터(**히타**).

＊이집트-사자의 서

이 집을 **사자의 서**식지로.

＊이집트-태양력, 10진법, 그림 문자

이 집을 뜯(**트**)으면 **태양**이 보여.

이 집을 사는데 **10**년.

♪**그림** 같은 **집**을 짓고~

＊페니키아-카르타고 건설

카를(**카르**) **타고** 갈 때 **페니**(돈)를 내.

* 페니키아 - 표음 문자(알파벳의 기원), 오리엔트 문화를 그리스에 전파

페니(돈)로 **표**를 사서 **음료수**를 구입.

알파벳(영어)이 세계의 패(**페**)권을 잡다!

페니(돈)로 **오리엔트** 시계를 사서 **그리**운 친구에게 선물.

* 헤브라이 - 예루살렘, 솔로몬 왕, 유대교

예루살렘의 왕 예수는 가지고 있다(**헤브**), 무한한 힘을.

솔로몬은 가지고 있다(**헤브**), 금은보화를.

유대인은 가지고 있다(**헤브**), 많은 재산을.

* 인더스 - 하라파, 모헨조다로(계획도시)

인덕(**인더**)이 높은 분이 **하라**면 해! (까라면 까!)

인덕이 높은 분은 **모두** 핸(**헨**)섬.

모두 핸섬한 애들만 모아서 **계획**된 공연을~

* 인더스 - 그림 문자, 인장

인덕(**인더**)이 높은 분의 **그림**(초상화).

인덕이 높은 분의 **인장**을 받아. (싸인)

* 인더스 - 메소포타미아와 교역

인덕(**인더**)이 높은 분은 **메일**(**소포**)을 많이 받아. (유명인)

＊아리아-인더스 정복

인덕(**인더**)이 높은 분도 (늙으면) **아리아**리. (치매)

＊아리아-카스트제 확립

나쁜 **카스트제**는 **아리**수 물로 확 쓸어버려!

＊아리아-브라만교 성립

여성의 **브라**자 속이 **아리**아리~ ^^

브라자를 **아리**수 물로 씻어.

＊『베다』-브라만교 경전

마누라의 **브라**자를 **베**고 자. (팔베개)

＊상(은)-황허 강(은허), 신권 정치, 태음력

상거래. **은** 판매를 **허**락. (**상업은행**)

황상이 통치.

음력설 때 **은**행에서 돈을 **신권**으로 바꿔. (세뱃돈)

＊상-갑골 문자, 달력

갑자기 **골**내며 **상**(인상)을 써.

상업은행에서 **달력**을 발행. (연말에)

＊주-호경에서 성장

주말엔 **호경**기(손님이 많아).

주인공은 **호경**기(돈을 잘 벌어).

＊주-상 ×, 봉건제

주인공이 **상**놈들을 부려먹어.

주인공은 **봉**급을 많이 타.

＊주-낙읍(뤄양) 천도 → 동주

낙안**읍**성 놀러가서 **주**류(**동**동**주**)를 마셔.

낙안**읍**성에서 행패 → 너(**뤄**) **양**아치?

4. 고조선과 여러 나라의 성장

＊청동기-비파형 동검, 거친무늬 거울, 미송리식 토기

비파를 뜯으며 **청**아한 목소리로 ♪~

거칠어진 방을 **청**소.

청아한 목소리로, 미성(**미송**)으로.

＊울주 대곡리(동물), 고령 양전동 알터(동심원, 기하학적 무늬)

울안에 갇힌 동물이 **울**부짖어. **대곡**(엉엉~).

고령의 할배는 **동심**으로 돌아가고파.

원시인들이 **기하학**을 **알터**이 없지.

고령의 할배가 **기하학**을 **알턱**이 없지.

＊고조선-요령(랴오닝)에서 성장

요령을 안 피우고 열공, **성장**.

고조 할배께서 나오니(**랴오닝**)?

＊고인돌-탁자식(북방식), 바둑판식(남방식)

북한은 대화의 **탁자**에 나와야.

남쪽의 **바둑**왕 이세돌.

＊고조선-연과 대립

대학 **연고**전.

＊위만 조선-철기, 준왕을 몰아냄

철저히 **위만**위에만 보고 올라가. (출세)

준비도 안 된 놈이 **위만** 보고 올라가? 샹!

＊고조선 멸망-왕검성 함락(우거왕)

고조 할배가 **왕거**미에 물려서 죽다.

우거지상. 낭패. **멸망**.

＊철기-세형동검(한국식 동검, 후기)

개그맨 양**세형**은 **한국**인.

○ **세형**은 **철**없는 말(개그)만 해?

한국의 **철**새 정치인.

후기(나중)엔 **세련**.

＊철기-널무덤, 독무덤

독종이 **널 철**저히 괴롭혀.

＊명도전(춘추 전국)

춘추(나이)가 많은 분은 **명도** 길어. (돈으로 **연명**)

＊철기-덧띠·검은 간 토기

철이 녹슬면 **검**은 색을 띠어.

철이 녹슬면 **덧**난 딱지들이 띄(**띠**)엄띄엄~

＊부여-쑹화 강, 마가, 사출도, 순장

쑹화아씨는 **부잣집 여**자.

부잣집 여자가 **마**부를 부려.

부잣집 여자는 **마가** 끼었다.

어(**여**)**사출도**! (**순두부**)

＊부여-형사취수제, 영고(12월)

형수까지 **취했다. 여**자 **부자**(여자가 많다)!

부잣집 여자를 **형사**가 **취조**. (**부영 여고**)

12월은 춥다. **영~** **고**생.

＊**고구려**-상가, 서옥제, 동맹

상가에서 **고구**마를 판다.

서옥이는 **고구**마 같이 생겼다.

강한 **고구려**와 **동맹**을 맺어야! (**고동**)

＊**옥저**-민며느리제(매매혼), 골장제

옥같이 예쁜 **며느리**.

옥같이 예뻐야 비싸게 **매매**.

아름다운 **옥**, 징그런 **골**. (반대적 개념)

＊**동예**-무천, 책화, 씨족 사회, 족외혼

동무의 **책**임이 크오! (**동화책**)

동생과는 **결혼**을 하지 않는 게 **예**의. (**동생은 씨족**)

고동아, **동무**들과 **부영**APT 가자.

＊**옥저·동예**-왕 ×(읍군, 삼로가 통치)

왕이 없군(**읍군**). 없**삼**. 없져(**옥저**).

예를 갖춰서 **읍**하다.

개그맨 **옥동**자는 인물이 없**삼**.

＊**옥저**-해산물 풍부

저수지에서 고기가 많이 잡혀.

* 동예-단궁, 과하마, 반어피

동궁마마.

동무는 **단과반** 수강.

* 마한(54개국), 변한·진한(12개국)

오사(**54**)할 놈이 죽으면 **마~ 한**이 없겠다!

♪**변진**섭은 시비(**12**)를 걸 줄 몰라. (착한 인상)

* 삼한-신지, 읍차

삼한사온 추위에 ♪**신지**도 공연 취소.

삼한사온 추위에 **읍**에 **차**도 안 다녀.

* 목지국(마한)

마귀가 **목**을 베.

* 구야국(낙동강 유역), 사로국(진한, 신라로 ↑)

낙동강 오리알 신세? 아**구야**~!

내 마음을 **진**하게 **사로**잡은 **신라**, 멋져(통일)!

* 변한-철 생산

철은 잘 **변**하지 않아.

II
삼국의 성립과 발전

1. 삼국의 형성

*고구려-졸본 → 국내성(유리왕) 천도
처음엔 **졸**병, **졸**병이 **국내**로 이사.
국내(서울)에 **유리**빌딩(고층)이 많다.

*국내성(지린성)
지린내를 풍기지 않는 **국내**.

*태조왕-옥저·동예 정복, 요동 공격, 계루부 고씨(왕위)
태기가 있더니 **옥동**자를 낳다.
태기가 있더니 뱃속에서 **요동**, **계**속 진통.

*고국천왕-부족적 5부 → 행정적 5부, 왕위 부자 상속, 진대법
고부 행진.
고인(죽으면)이 되면 **천**대받지 않으려고 아들에게 물려
줘. (안전빵)
고국에 **5천**만 동포.

＊절노부-왕비 배출

왕비가 **절**세미녀!

＊동천왕-서안평 공격, 위의 침입, 환도성 함락

천둥(**동천**)소리에 (마음이) **서**로 **안** 편해.

천둥(**동천**)소리는 **위**에서 나.

천둥(**동천**)소리가 번쩍! 밖이 **환**해.

＊미천왕-서안평 점령, 낙랑군 축출, 대동강 유역 확보

미천한 사람이 옆에 있으면 **서**로 **안** 편해.

미천한 사람이 **낙랑** 공주에게 대시? 헐~

미천한 사람이 **대동강** 물놀이?

미친미천 듯이 **공격**.

＊고국원왕-전연의 침입(국내성 함락), 전사

(오랜만에) **고국**에 돌아와도 **전연** 바뀐 게 없다.

국내가 **전연** 바뀐 게 없다. (발전 ×)

원통하게 **전사**.

＊전연-선비족(모용씨)

선비양반는 소나기가 쏟아져도 **전연** 뛰질 않아.

선비의 **모습**과 용모(**모용**)는 준수.

＊소수림왕-불교 수용(← 전진저족), 태학, 율령

불교를 **수용**한 후 **전진**(발전).

소승(**소수**)이 **불교**를 전래.

소수만 퇴학(**태학**).

소, 불 태워유(율)~

저쪽(**저족**)으로 **전진**.

＊고이왕-목지국 병합, 한강 유역 차지

목숨을 **고이** 간직해.

우리의 젖줄 **한강**을 **고이** 간직해.

＊고이왕-6좌평, 16관등제, 관복, 남당

쭉쭉(**66**)빵빵 몸매를 **고이** 간직해.

관복을 **고이**접어 보관.

남자다운 **당신**을 **고이** 모실래요.

＊근초고왕(4c)-부자 상속, 마한 정복, 가야 압박, 고국원왕 살해

근사한 **아들**에게 **상속**하고 **근심** 덜어. (망고땡)

근처의 사람들을 **마**구 죽여(**4**)!

근처에 **가야**지, 뺏어먹게.

근처의 왕을 **고인**으로. (**원통**)

＊근초고왕-요서·규수 ↑

　　근처에 요사(**요서**)한 것이 나타나서~

　　요사스런 **백**백제여시.

　　근처에 사는 **규수**를 힐끔 쳐다봐.

＊침류왕-불교 수용(← 동진)

　　불교가 **침**대에 누워서 꼼짝도 안 해. (뿌리 내렸다)

　　똥침(**동침**) 놓기, **불침** 놓기.

　　헌 **침**대에서 냄새가 진동(**동진**).

＊내물왕-중앙 집권 국가의 기틀, 진한(낙동강~) 차지

　　뇌물(**내물**)을 주고 **중앙**으로 ↑.

　　(**진한**많은) **뇌물**을 안주면 **낙동강** 오리알 신세.

＊내물왕-부자 상속, 마립간

　　아들에게 **왕위**를 **내**리 **물**려줘.

　　마, **간**나 새끼! **내물**리쳐 버려.

＊내물왕-왜군 격퇴(광개토 도움, 호우명 그릇)

　　뇌물(**내물**)을 주고 도움을 받아.

　　호우가 쏟아져도 구조하러 가.

＊거서간 → 차차웅(제사장) → 이사금 → 마립간(대군장) → 왕

거참(차), **이마가 왕**이네!

제사장이 미친 듯이 ♪**차차차~** (굿판)

마, 간나 새끼! (**대군장**의 호령)

＊고구려-제가 회의

　제가 고구마 자루를 지고 **고꾸**라져요.

＊고구려-대대로(수상), 욕살(지방 장관)

　대대로 수상을 해먹으려고.

　(집안이) **대대로** 고꾸(**고구**)라져. (몰락)

　고구마만 **대대**로 먹고 살아.

　지방 장관하기가 **고욕**. (힘들어)

＊신라-6부 5주, 17관등

　부산 오륙(**56**)도 → **신라** 땅.

　행운의 러키세븐(**7**)을 들고 신나(**신라**)!

＊백제-5부 5방

　오오(**55**)~ **백**점 맞았어?

2. 삼국의 발전과 가야

*광개토-가야 압박, 요동(선비족) 차지, 후연·거란 격파

   광기(광개)를 부리려고 **가야**지.

   침략하러 **가야**지.

   선비는 소나기가 쏟아져도 **요동**치지 않아.

   광기(광개)를 부리며 **토**하고 요동쳐.

   후~ 거, 난처하네!

*광개토-숙신(말갈) 정복

   광기(광개)를 부리며 **토**해.

   온몸이 쑥신(**숙신**)거려.

   말을 **갈**아타니 온몸이 **쑥신**거려.

*광개토-영락(연호)

   광기(**광개**)를 부리며 **토**해. **영락**없이 죽는 줄~

*장수왕-평양 천도 → 나·제 동맹

   장수하려고 산 좋고 물 좋은 **평양**으로 **이사**.

   장수 앞에서 **나, 제**대로 말했을까? (떨지 않고)

   평양의 (김정은 만나서) **나, 제**대로 말했을까?

*장수왕-남조, 북조와 교류

남북의 **장수**들이 만나. (**교류**)

＊장수왕-개로왕 살해, 충주 고구려비 건립

장수가 **개**같이 끌고 가서 괴로(**개로**)와.

장수에게 당했다면 **개**죽음은 아니지.

장수는 **충**분히 **주**인 노릇을 할 수 있어!

＊문자왕-최대 영토 확보

문자 그대로 **최대**!

＊문주왕-웅진(공주) 천도

분주(**문주**)하게 **이사**.

웅진그ㅇ 딸은 **공주**병?

웅장했던 **공주**가 탄핵을~

＊동성왕-결혼 동맹, 왕권 회복

동성끼리 **결혼**.

김**동성**과 **결혼**. (선수)

결혼하고 마음을 잡다. (**회복**)

＊무령왕-22담로(왕족 파견)

무럭무럭(**무령**) 커서 **담**을 키워라!

왕족권력들은 **담**이 커.

＊무령왕-남조(양)와 교류

남무아미타불. (**양녕** 대군)

＊성왕-사비(부여) 천도, 남부여

사비(돈)를 들여서 **성**적을 ↑.

부모님 **사비**로 학원 수강.

부잣집 **여**자는 **사비**(돈)가 많다.

성남에 사는 **부**잣집 **여**자.

＊성왕-22부, 5부 5방

부모님 **사비**(돈)로 **성**적을 ↑.

오오(**55**)~ **성**적 올렸어?

2땡(**22**)과 5땡(**55**) 잡고 **성**공! (화투놀이)

＊성왕-관산성 전투 ×, 나·제 동맹 결렬

관성의 법칙.

나, **제**대로 **성**적을 못 내서 **성**질나!

결렬되면 **성**질나!

＊지증왕-신라, 왕

신라(**왕**이)라고 이름을 **지**어.

＊지증왕-주·군 제도

(폭정) **주군**이 **지**, **징(증)**그러. (더듬지 마)

＊지증왕-우경, 우산국 정복(이사부)
　소(**우경**)를 이용, 농사를 **지어**.
　독도(**우산국**)는 우리 땅, **지도가 증**명.
　이사람 **부**모는 **우산**장수.

＊법흥왕-율령, 골품제, 상대등
　법으로 **율령**을 제정.
　법률 공부**는 골** 때려. (어려워)
　법으로 **상대**하겠다고? **흥**!

＊법흥왕-이차돈 순교, 건원(연호)
　이 차 돈 주고 샀어, **법**적으로 문제없어.
　건방진 놈, **법**으로 하겠다고?
　원대로 하라지, 샹!

＊법흥왕-금관가야 병합
　법으로 **금**한 사항.
　뻐끔뻐끔(**법금**법금).

＊진흥왕-황룡사 건립
　황룡들의 싸움이 홍미**진진(진흥**)!

＊진흥왕-개국(연호)

(게임의) **개국**을 선언. 홍미**진진**(**진흥**)!

＊진흥왕-한강 유역 차지

한강 주변이 온통 진흙(**진흥**)탕.

＊진흥왕-대가야(고령) 병합, 함흥평야 ↑

대진표가 홍미**진진**(**진흥**)!

고령의 할배는 **대**가족을 원해.

함흥차사 이야기는 홍미**진진**(**진흥**)!

＊진흥왕-단양 신라 적성비·순수비 건립

적성에 맞는 일은 홍미**진진**(**진흥**)!

(요즘 세상에) **순수**한 처녀가 있어? 홍미**진진**!

＊순수비-마운령, 황초령, 북한산, 창녕

북한 창녀 **황**마담은 **순수**해. (자수)

＊가야-변한(낙동강~)에서 성장

애인이 **변심**? **가야**지(떠나야지).

낙동강 오리알 되기 전에.

＊금관가야(김수로), 대가야(남조와 교류)

김수로, **금관**을 쓰고 열연. (연예인)

대가(큰 사람)는 능력을 남 줘(**남조**).

3. 삼국의 문화

* 고구려-태학, 경당(지방)

고구마를 훔치면 퇴학(**태학**).

고구마를 훔치면 **경**을 쳐.

경상도 **지방**.

* 신라-임신서기석

임신해서 신나(**신라**)!

* 이문진-『신집 5권』

신집(새집)은 **이문**이 **진**짜 많다. (값이 올라)

* 근초고왕-『서기』

근처(**근초**)의 나라들이 **서기**를 사용. (서기, 단기)

* 거칠부(진흥왕)-『국사』

국사 교과서 문제로 **거칠**게 항의.

거칠은 진흙(**진흥**).

＊고구려(사신도강서 고분), 백제(산수무늬 벽돌)

사신이 **고구**마 품종을 가져와.

강 서쪽에서 **사신**이 와.

산수 백점.

＊강서 대묘-현무도(북쪽)

북쪽북한은 **현**재 **무**슨 일을 하는지 몰라.

강 서쪽에선 **현**재 **무**슨 일을 하는지 몰라.

＊장군총(지린 성)

장군은 **지린**내를 풍기지 않아.

＊한성-돌무지무덤

(삐까삐까한) **한성**서울은

처음엔 **돌**만 **무지**하게 많았다.

돌로 **무지**하게 맞아서 성한(**한성**) 곳이 없다.

＊웅진(송산리)-굴식 돌방무덤 + 벽돌무덤(무령왕릉)

송사리야 무럭무럭(**무령**) 커라, **웅**장하게!

송사리를 잡아 **굴**에서 **식**사.

송사리를 **벽돌**로 내리쳐? (과한 나라)

무덤 2종류. 많다(**웅**장).

*사비(부여 능산리)-굴식 돌방무덤, 사신도

능을 **산**뜻하게 꾸미고 **굴**에서 **식사**.

사비(돈)를 들여서 **능**을 **산**뜻하게, **벽화**도 그리고.

부잣집 여자의 **능**은 **산**뜻!

사신이 오니까 **사비**를 들여서 **능**을 산듯하게. (청소, 예우)

*돌무지 덧널무덤(천마총), 구덩식 돌넛널무덤(가야)

천 마리 말들이 나오지 못하게

돌을 **무지**하게 쌓고 **널**을 **덧** 씌워.

구덩이를 파러 **가야**지.

*금동 연가 7년명 여래 입상-고구려

고구려 연개(**연가**)소문.

*미륵사지 석탑-목탑 양식

미련한 놈이 **사지**를 찢기고 **목**숨을 잃어.

*아프라시압 궁전 벽화-고구려 사신

고꾸(**고구**)라져서 **아프**당~

*삼국 → 아스카 문화

아슬아슬(**아스**)한 **삼국**지!

삼국 아스키들아, 어서와.

＊혜자-쇼토쿠 태자 스승

　　김**혜자**, 쇼(**토크쇼**) 출연. (탤런트)

＊담징-종이, 먹

　　종이와 **먹**을 담지(**담징**).

＊수산리 고분 벽화(고)-다카마쓰 고분 벽화와 유사

　　수산물 요리(**고구**마)가 **다 까**맣게 탔다.

＊아직기·왕인-논어, 천자문

　　아직 천자문을 몰라.

　　왕이 **논**다, **천자문** 공부도 않고.

＊노리사치계(성왕)-불상, 불경

　　성노리개는 불쌍(**불상**).

　　(미개한 그들에겐) **불교**는 **사치**일 뿐이야.

＊가야 토기-스에키 토기에 영향

　　에스키모(**스에키**)가 사는 곳에 **가야**지.

통일 신라와 발해의 발전

1. 고구려의 대외 항쟁과 신라의 삼국 통일

＊수-남북조 통일

남북이 **통일**하면 **수**(100점)!

＊고구려-요서 선제공격

요사(**요서**)스런 놈을 고꾸(**고구**)라뜨리자!

고구마 먹고 힘! **요사**스런 놈을 **선제공격**.

＊수 문제-고구려 침략 → 방어

문제없이 **방어**!

＊살수(청천강) 대첩(을지문덕 vs 우중문)

을지로에 가면 **살 수** 있다. (**살인청**부)

을지로에 가면 **우중**충한 문을 살 수 있지롱~ (조롱)

＊살수 대첩-수양제(우중문) ×

(수공?) 양쪽 **제**방을 쌓아야 **살 수** 있다.

양쪽 **제**방에 **우중**충한 문 설치.

＊당 태종-고구려 압박
  태풍이 **종일** 불어서 고꾸(**고구**)라져.

＊천리장성-연개소문, 부여성~비사성
  천리에 걸쳐 **부비**트랩 설치.
  눈을 **부비**고 **천리**를 본다.
  연기(**연개**)가 **천리**까지 퍼져있어.

＊연개소문-보장왕을 세움
  소문을 안내면 목숨은 **보장**!

＊안시성 싸움-당군 격퇴
  안 당했지롱~

＊나·당 동맹(김춘추)
  춘추가 많은 **나, 당**신과 ♡.
  나, 당신과 진득진득(**진덕**). (부부)

＊사비성 함락 → 백제 멸망
  사비(돈)가 똑 떨어져서 땡!

＊연남생-당에 고구려를 정벌해달고 요청

　　남생이 같은 놈이 나라를 배신.

＊복신, 도침(주류성)-부여풍 추대 → 백강 전투 ✕

　　주류를 마셨더니 **복**부가 아파. **침** 시술.

　　풍(병). **침** 시술.

　　풍모가 돋보이는 분께 **도복**을 입혀드려.

　　백강에 풍덩~

＊백제 부흥-복신, 도침, 흑치상지(임존성)

　　복도에서 **흑흑**… (벌선다)

　　흑백 도복 입고 싸우자!

　　(사랑하는) **임**이 흑흑 운다.

　　흑치검은 이면 **임**이 **존**재 안 해. (도망가)

＊고연무(오골성)

　　고 연무(가스) 때문에 **오골**계가 떼죽음.

＊안승-금마저(익산)

　　금(뇌물)마저 **안** 통해서 **안 승**리(승리 못해).

　　익산은 보석도시, **금마저** 차지.

＊안승-검모잠(한성) 죽임

김건모(**검모**), **한성**(서울)에서 ♪~

검도 **모**자라, **잠**도 **모**자라서 **안** 승리? 샹!

한심한 ㄱ**건모**.

＊안동 도호부(고구려)

고구마 똥(황금색, 건강)을 싸서 안도(**안동**).

＊안승(보덕국 왕), 기벌포(수군 ×)

안 승리했지만 **보**호를 받았다.

물속(**수군**)에 들어가라니까 (**기**가 죽어서) **벌**벌~

2. 통일 신라와 발해의 성립과 발전

＊무열왕-진골

무술을 **열**심히 한 **진**짜 꼴(**골**)통.

＊삼국 통일-문무왕(대동강~원산만)

문 + **무** = **문무왕**(**통일**).

원대한 꿈, **통일**!

＊신문왕-김흠돌의 난 ×, 만파식적

신문에 흘려서 **흠**집 내기.

신문기사가 일파**만파** 큰 파장을~

＊집사부 장관(시중)

　　집사님이 성도들 **시중**을 들어. (봉사)

＊9서당-신라인 + 고구려인 + 백제인 + 말갈인

　　서당에 여러 계통의 애들이 다녀.

＊신문왕-관료전, 녹읍 ×, 9서당

　　관료들은 **신문**을 봐.

　　신문기사에 **녹**다운. (폭로?)

　　서당에서 **신문**을 구독.

＊농민에게 정전 지급-성덕왕

　　농민들 왈, "**성**은이 망극~"

＊귀족의 반발로 녹읍 부활-경덕왕

　　경왕이 **덕**이 없어서 신하들이 **반발**.

＊무역항(통·신)-울산항, 당항성(화성)

　　통신휴대폰비가 많이 나와서

　　울상(**울산**). 당황(**당항**)!

　　화성인이 침공. 당황(**당항**)!

＊대조영-발해(← 진, 동모산) 건국

　　동무(**동모**)들아 (**진**라면 먹자)

　　동무들아 **대조영**드라마 보자.

　　동무들아 해발(**발해**) 몇 m를 올라가자.

＊『구당서』-대조영은 본래 고구려의 별종

　　구수한 **당**분으로 **별**사탕을 만들어.

＊무왕-영토 확장, 인안(연호)

　　무술을 잘해서 **인**제 **안** 무서워. (잦은 싸움)

＊문왕-중경 → 상경 용천부 천도

　　문짱이 서울로 **상경**, **용**이 되려고.

　　문짱은 **중상**을 당하지 않아. (실패 ×)

＊문왕-신라도 개설, 대흥(연호)

　　신라도 문짱을 좋아해.

　　문짱은 **대**단히 **흥**!

＊선왕-건흥(연호)

　　선방 날릴 **건**수를 찾다.

＊발해-거란에게 멸망

거, **발**칙한 놈 때문에 망했당~

＊3성 6부(정당성 중심), 대내상(국정 총괄)

　정당하게 삼성(**3성**)에 입사. (**빽** ×)

　대내외적으로 **정당**함을 주장!

＊발해(5경 15부 62주, 10위중앙군), 통·신(10정)

　6·25 발발.

　해**발**(**발해**) 몇 m를 올라가라, 선착순 **10위**까지.

　10위까지만 **중앙**으로 ↑.

　통신기 **10정**(대).

＊발해관(등주)

　등신이 해**발**(**발해**) 몇 m도 못 올라가.

3. 통일 신라와 발해의 문화

＊원효-일심 사상

　(결혼한) **원효**는 공주와 **일심**동체.

＊의상-화엄 사상, 부석사

　화려한 **의상**.

의상이 오래돼서 **부석**부석 부서져.

* 혜초-『왕오천축국전』
  해초(**혜초**)는 **왕오**징어의 밥.
  해초를 판 **왕**이 **오천** 개 **축구**공을 사.

* 국학(신문왕), 독서삼품과(원성왕)
  국학(**대학**)에서 **신문**을 구독.
  아빠는 **신문**을 보면서 **국**(밥)을 드셔.
  독서를 많이 시켜서 **원성**.

* 강수-외교 문서 작성
  (**외교관이**) **강수**를 던져서 **답**을 받아내,

* 김대문-『고승전』,『한산기』
  대문 앞에서 **고승**이 목탁을~
  대문 앞이 **한산**.

* 최치원-토황소 격문,『계원필경』
  황소를 처치(**최치**).
  처치했으니 개(**계**)는 **필경** 죽었을걸.

* 다보탑(통·신)-화려

내 **통신비** 나온 걸 **다 보고** 가. (궁금)

화려한 것은 누구나 **다 보고** 가.

＊석굴암 본존불 (통·신)

　통신비를 내고나면 본전(**본존**)도 안 남아.

＊석탑 (통·신) - 이중 기단 위에 3층으로 쌓는 양식 유행

　통일 신라의 막강한 **이중**허리 춘추, 유신!

＊3층 석탑 (통·신) - 감은사지, 불국사, 진전사지

　감은 싸지(**사지**), 붉(**불**)고 진짜 **싸지**.

　감은(**불**고기는) **진**짜 맛 좋아!

＊쌍봉사 철감선사 승탑 (통·신)

　통일 신라의 **쌍**두마차 춘추, 유신!

＊석가탑 - 균형미·조화미, 다라니경 발견

　균형 잡힌 **석가**모니 불상.

　석가모니는 제 몸을 닮아(**다라**)서 남을 구제.

＊정혜 공주 묘 - 굴식 돌방, 모줄임 천장(← 고구려), 돌사자상

　굴(식혜)을 달라고 입을 **헤**~

　고구마를 달라고 입을 **헤**~

사자가 달라고 입을 **헤**~
모두 **줄** 테니 걱정 마셩~

＊발해(주자감), 정효 공주 묘(벽돌무덤), 석등(상경성)
　공사 **발주**.
　효녀가 부모님에게 **벽돌**집을 지어드려.
　석차(**등수**)를 올리려고 서울큰 학원로 **상경**.

＊영광탑발해(← 당), 상경성(장안성 모방)
　해발(**발해**) 몇 m를 모두 올라갔다.
　영광(**당**당)! (탈락자 ×)
　장안(서울)으로 **상경**.

＊이불병좌상(발해) ← 고구려
　고꾸라져서 **발**을 다친 병자(**병좌**)가 **이불**을 덮고~
　이불 속의 **병자**가 **고구**마를 까먹어.

＊양태사(발해)-다듬이 소리
　다듬이 소리가 해발(**발해**) 몇 m까지 울려 퍼져.
　해발(**발해**) 몇 m를 올라가면 태양(**양태**)이 더 잘 보여.

＊왕효렴(발해)
　해발(**발해**) 몇 m를 올라가면 건강이 **왕 효**과! (등산)

발이 크면 경기할 때 **왕 효**과!

4. 신라 사회의 동요와 후삼국의 성립

＊혜공왕(무열계) 피살 → 20여 명의 왕 교체

　　피살되어 해골(**해공**)이 되다.

　　무술을 **열**심히 한 사람은 **해골**같이 말랐다.

　　그 나라는 2% 부족이 아닌 **20**% 부족.

＊96각간의 난-혜공왕 때

　　해골(**해공**) 조각이 **96**개.

＊원종·애노(상주)-진성 여왕

　　진성뇌염에 걸려서 ×.

　　상주가 **원통**해서 **애고**~ 애고~

＊기훤(죽주)

　　죽기를 각오하고 싸워.

＊적고적-금성까지 진입

　　금성이 나타난 시각을 **적고**, **적고**. (기상청)

*최치원-시무 10조(→ 진성여왕)

　진성뇌염이 사람을 처치(**최치**).

　처치하니 **진상**(못났다).

*선종-신라 말 유행

　말기(죽을) 땐 선해져, 천당 가려고. (약았다)

*6두품-반신라적

　육두(**6두**)문자를 쓰면서 개겨.

*완산주(전주), 송악(개성)

　전주비빔밥은 **완전** 맛있어!

　♪**송**노래 부를 때 **악**을 쓰면 **개성**이 없어.

*궁예-철원 천도, 국호(마진 → 태봉)

　궁예가 **철퇴(태)**를 맞으러 가. (죽으려고 가)

　마진이익이 없으면 **철퇴(태)**를 내려!

　마진이 좋아. 따봉(**태봉**)!

*금성(나주)

　♪**나**~ **주**께 **금성**하늘나라로 가오니~

고려의 성립과 변천

1. 고려의 건국과 통치 체제의 정비

＊경순왕 귀순

　경은 **순**해서 말을 잘 듣겠지? (**귀순** 종용)

＊태조-사심관·기인, 천수, 청천강~영흥

　(신망 ○) **왕건**은 **사심**이 없이 일했다.

　(포용력 ○) **왕건**을 누가 **기인**이라고 해?

　청렴한 분, **영**원히 **흥** 하여라!

　그런 분은 **천수**를 다하셔야지.

＊광종-노비안검법, 과거제

　검사 됐다고 **광**내(뽐내)!

　과거에 급제했다고 **광**내!

＊광종-공복, 황제, 준풍(연호)

　화려한 **공복**을 입고 **광**내!

　황제라 칭하고 **광**내!

준수한 **풍**모라고 **광**내!
노비가 **과거**에 급제, **공복**을 입고 **황제**를 알현. (**광**내!)

＊성종-최승로 시무 28조
승리한 **노인**재벌은 **28**청춘 때부터 **성**적이 좋았다.

＊성종-12목, 과거제 정비
성적이 (좋으면 누가) 시비(**12**)를 걸지 않아.
성적이 좋아서 **과거**에 합격!

＊5도-안찰사 파견
안도. (반란이라도 일어나면 큰 일!)

＊병마사-양계, 진(군사적 요충지)
양계장에 **병마**가 끼었다.
진짜 중요한 **요충지**.

＊주현군-5도
주현, 지방(**5도**) 공연 중. (텔런트)

＊주진군-양계
양계장에 **병마**가 끼면 **주**인은 **진**땀 흘려.

*명경과-유교 경전에~

  유명한 문장을 써서 합격.

*최충-9재 학당(문헌공도)

  9땡을 잡으면 **충**분, **문헌**에 나와 있어. (화투놀이)

*공음전-5품 이상

  오(**5**)~ **품**었다, **공**짜로.

*거란 1차 침입-서희

  서**서히**(**1차**) 시작해볼까?

*거란 2차 침입(← 강조의 정변)-양규가 격퇴

  이(**2**) **강조**. (**양규**, 양쪽2차).

*강조의 정변-목종 ↓, 현종 ↑

  강제로 **조**롱을 하고 **목**을 베니 **현**찰을 주고 무마.

*강감찬-귀주 대첩

  감 찬 거 먹으면 **귀**가 밝아져.

  뒤주(**귀주**)에 **감 찬** 거 보관.

*나성(현종, 개경), 천리장성(압록강~도련포)

현찰 달라고? **개나**ㅂ 불고 있네!

천리장성이 **압도**! 만리장성보다. (거~ 짓!)

* 별무반-윤관(숙종), 여진 정벌(동북 9성 축조 → 반환)

윤기 나는 **예쁜 여**자가 구성(9성)지게 노랠 부르며 애원.

(불쌍해서 돌려줘)

윤기 나는 **여**자는 **별**(스타)! (**윤관숙**, 유관순)

별무리가 질 때 **숙**면.

* 별무반-신기군, 신보군, 항마군

별(스타)을 보니 **신기항**가 **보군**!

* 광군-거란 격퇴용

놈이 **광내**(뽐내)? **거** 난(**란**)처하네!

* 여진-금 건국, 요(거란) 멸망시킴

(예쁜) **여**자는 **금**값!

요거군요(**요거금여**).

금덩이를 요에 던져서 **요**를 찢다.

* 이자겸-여진(금)에게 굴복

이 자가 **여**자에게 **금**반지를 사줘. (**아부**)

* 벽란도-예성강 하구

　에(**예**)이, **벽**창호 같은 놈!

2. 무신 정권의 성립과 하층민의 봉기

* 이자겸(경원 이씨)의 난-인종 때

　이 자가 왕까지 **겸**하려고? (그럼) 남들이 **경원**해.

　이 자가 왕까지 **겸**하려고 **반란**.

　(그럼 난) **인제 종**쳤나?

* 척준경-이자겸 제거

　자객이 **척**, 들어와서 빡! 끝.

* 묘청의 반란-대위, 천개

　투스타(박정희)가 아닌 **대위**가 난?

　대위를 **천 개**(천 명) 모아서 **난**.

　묘한 거 **천 개** 모아서 **난**.

* 무신 정변-정중·이의방, 의종 폐위

　정중치 못하니까 **무신**들이 "**의**~ **종**간나 새끼, **방**자해!"

* 김보당의 난-의종 복위(목적)

의사가 **보당**(보턴)을 눌러. (CT 촬영)

＊조위총(서경 유수)

저(**조**) **위**에 **서경**이 있다. (개경 위 서경)

＊정중부 → 경대승 → 이의민 → 최충헌 → 고종

전경(**정경**)**이 최고**!

＊최충헌-이의민 제거

충성스런 **헌**병경찰들이 **이의**시위를 다는 **민**백성을 ×.

＊최충헌-봉사 10조(→ 명종)

명을 살려줄게 **10조** 내놔! (재벌 협박)

충성스런 **헌**병(순쉬리)이 **명**을 흥정?

충성스런 **헌**병(순쉬리)이 **10조** 꿀꺽?

＊경대승(도방신변 보호), 최충헌(교정도감, 도방)

도둑놈이 **경대**장롱를 뒤져.

제 **신변**이나 보호? **도**둑놈 심뽀!

충성스런 **헌**병군사이 **도**둑을 잡아 **교정**소로 보내.

＊최우-정방, 서방(이규보)

정방폭포는 **최**고로 **우**수한 관광지.

최고로 **우수**한 **서방**님. ^^

서방님은 규범(**규보**)이 될 만해.

＊이의민(천민 출신)

　　천민이 대빵이다, 왜? **이의** 있어?

＊망이·망소이의 봉기(공주 명학소)

　　정중치 못해서 **망**했다.

　　공주가 **망**했다, **망**해. **명**이 끝. (대빵, 탄핵)

＊경상도-김사미(운문), 효심(초전)

　　운문으로 지은 **사미**인곡을 **신나**게~

　　효심이 깊은 사람을 **초전**박살? (신나신라, **경상도**! **효심**이 깊어서)

＊만적의 봉기-개경, 최충헌

　　많(**만**)은 **적**들이 **개**겨.

　　충성스런 **헌**병군사이 많(**만**)은 **적**들을 ×.

＊이비·패좌(신라), 최광수(고구려, 서경), 이연년(담양, 백제)

　　이 비참한 놈을 **패자**, **신나**게!

　　고구려 광개토. **서경**(평양).

　　년년(**연년**)이 살자꾸나, **백년**까지~

이 연놈들이 **담**이 크다고 **양**양!

3. 대몽 항쟁과 반원 자주화의 노력

＊몽골 1차 침입(← 저고여 피살), 박서(귀주성)

처음(**1차**)에는 **저고**리부터 벗겨. (영화, 꼬마신랑)

초전(**1차**) **박살**? 음메~ 기죽(**귀주**)어.

박서방에게 음메~ **기죽**어. (**박쥐**)

＊2차 침입-김윤후(처인)가 살리타 사살

이(**2**)번이 **처**음이니 **후**하게 **살리**도~

＊충주성-노비들의 저항

(용감한) **노비**들은 **충**분히 **주**인노릇을 할 수 있어!

＊용장산성(진도, 배중손), 제주도(김통정)

진돗개는 **용**감! 진돗개의 **손**자(혈통)를 보존.

제주도로 신혼여행. **통정**(정을 통해).

＊임유무 피살 → 무신 정권 ↓, 개경 환도(원종)

임무 끝. 유명**무**실. **붕괴**.

원래의 곳으로 돌아와..

＊몽골 침입(소실)-대구 부인사 대장경판, 황룡사 9층 목탑

부인이 **몽고**간장으로 요리.

몽고간장을 먹은 **황룡**이 죽다.

＊팔만대장경-몽골 격퇴 희망

몽고간장이 **팔만** 원.

＊초조대장경-거란 격퇴 희망

거, 밖에서 **초조**하게 기다리지 말고~

＊동녕부(서경)

동냥(**동녕**)치들이 **서울**로. (일자리 찾으러)

＊쌍성총관부(화주)

쌍소릴 들으니 **화**가 나.

＊개혁 시도-충선왕, 충목왕

목선을 철선으로 바꿔. (**개혁**)

목숨을 걸고 **개혁**!

＊공민왕 때-원·명 교체기

원거리를 **명**랑하게 가려면 **공민**증신분증을 지참.

＊공민왕-쌍성총관부(철령 이북) 공격

공민증의 성을 **쌍성**(성이 둘)으로 위조. (속이다)

공민증을 보자니까 가슴이 철렁(**철령**)! (꿀려서?)

쌍소릴 들으니 가슴이 **철렁**!

＊공민왕-정동행성·정방 폐지

공민증(금배지)을 딴 **정동**영, **이문** 없는 법을 폐기.

공민증이 없으면 **정방**폭포 무료관람 ×. (65세 이상)

＊공민왕-전민변정도감(신돈)

(간신들이) **전**부 변장(**변정**)하고 **신**에게 **돈**을 바쳐,

공민증인허가을 따려고.

＊홍건적 침입-공민왕, 안동까지 피란

(순찰원에게) **공민**증이 없다고 홍건(**홍건**)히 눈물을~

＊최영(홍산), 최무선(화포 제작)

최홍만. (운동선수)

무선(무서운) 사람이 **화**내.

＊쓰시마 섬 토벌-박위(고려 말), 이종무(세종)

고려 말은 **위**급.

바(**박**)가지 쓰지 마(**쓰시마**).

세종대왕이 **종**일 **무리**하게 연구.

＊우왕 폐위 → 공양왕(멸망)

　쫓겨나? **우**~ 창피!

　공양미 삼백석이 없어서 땡! (심봉사)

4. 고려 문화의 특징과 그 변화

＊광종-승과, 국사·왕사

　승의 머리는 **광**(빛나)!

　국사(**왕사**) 됐다고 **광**(뽐내)!

＊천태종-교종 중심으로~, 교관겸수, 국청사

　교만한 **천자**(**태자**)가 **국청**을 열고 심문.

　천자(**태자**)가 **교관**.

＊지눌-수선사(송광사), 선종 중심으로~, 조계종

　(헌 집을) **수선**(수리), **지**가 **눌**러 살게요.

　조개(**조계**), **송**어, **광**어를 **수선**다듬어.

＊지눌-정혜쌍수, 돈오점수

　지가 **정돈**할게요.

＊이제현(충선왕)-만권당

만권의 책을 읽으면 **선**해질까?

만권의 책을 읽어서 **이제 현**명.

＊『삼국사기』-김부식

사기그릇은 **부식**이 안 돼.

부**식**, **사기**. ㅅ이 공통점.

＊『동명왕편』-이규보

동명왕은 규범(**규보**)이 될 만해.

＊『삼국유사』-일연, 단군 신화

계 **유사**가 **일**을 **연**달아(많이) 해.

유사, **일연**. ㅇ이 공통점.

단군은 **유사** 이래 최초의 왕.

＊『제왕운기』-이승휴

제왕들이 운다. **이승**에서 **휴**일이 없다고. (격무)

＊『사략』-이제현, 대의명분 강조

사기를 치지 않고 **이제 현**명.

대의명분도 지켜.

＊상감 청자(12c)-무신 집권기에 유행

　(**무신**들이) **상감**마마에게 시비(**12**).

　상감이 **무신**들에게 **상감청자** 상납? 헐~

＊주심포-봉정사 극락전(가장 오래된~)

　봉사하고 **주심**(주시면) **극락**에 가.

　극락은 **가장 오래**전부터 존재.

＊주심포-영주 부석사 무량수전

　영부인이 (금일봉을) **주심**.

　부석부석 부서진 거라도 **주심** 감사.

＊주심포-예산 수덕사 대웅전

　예산 많아요? **주심** 감사.

＊다포(← 원)-성불사 응진전

　(**원**수들에게) **다 포**를 쏴서 응징(**응진**)!

＊월정사 8각 9층 석탑(← 송)-다각 다층

　월초에 **다각**도로 계획을 수립.

　송월타올회사, **다각**도로 사업을 구상.

＊고달사지 승탑(← 선종)-고려

선하게 살면 항상 **고달**프고 **사지**가 늘어져?
고달프고 **사지**가 늘어져? **고려**인삼이 직빵!

＊경천사 10층 석탑(← 원)−대리석
　원, **경천**동지할 일이!
　뚱뚱이가 '**대리**석' 같은 남자와 ♡? (**경천**동지!)

＊구양순체−탄연, 귀족 문화
　귀족들은 **양순**한 처녀를 좋아해.
　양순한 처녀를 보고 **탄**성!
　구수한 **양**념을 넣어 연탄(**탄연**)불 위에서~

＊이령−예성강도
　이년(**이령**), 이 **강도** 같은 년!

＊천산대렵도(← 원)
　천생(**천산**) **원**수와 대련(**대렵**, 싸움)?

＊혜허−수월관음도
　수월하니까 혜혜(**혜허**) 웃어.

＊직지심체요절−금속 활자본
　금속(금괴), **직각**(**직**육면체).

V

조선의 성립과 발전

1. 조선의 건국과 민족 문화의 발달

＊위화도 회군 → 과전법 실시

회군 후 **과**도정부 수립.

＊태종-호패법, 6조 직계제, 신문고

태풍이 **종**일 부니 **호패**를 착용! (시체 확인?)

태풍이 **종**일 분다. 복구비 **6조.**

태풍이 **종**일 불면 **신문고**를 때려라!

＊세조-경연 ×, 6조 직계제, 직전법 ○

세금이 **조**금 걷혀서 **경연**대회를 못 열어.

조세(**세조**) **6조.**

세금을 **조**금 내려고 (죽기) **직전**까지 잔머리 굴려.

＊성종-홍문관, 경국대전 완성

성기, **홍문**(항문).

경국지색의 미녀를 얻었다. **성공!**

＊태종 이후-명과 친선 관계

태종대를 같이 관광(**친선**). **명**랑(기분↑).

＊4군-최윤덕(압록강), 여진족 정벌

사(**4**)의 찬미 **윤심덕**.

압사(**4**).

여자. **윤**기 있는 머리카락.

＊6진-김종서(두만강)

진정서(**진종서**).

가수 **김종서**가 ♪**두만강** 푸른 물에~ 불러.

종일 **서**서 ♪**두만강** 푸른 물에~

＊유향소(향청)-수령 보좌

수령을 **유향소**(**향**기 풍기는 기생집)에 데려가서 술을 먹여.

흥청망청(**향청**).

＊조운-강과 바다를 이용해 운송

(육지가 아닌) 강과 **바다**로 가니 편리. **조운**좋은 제도.

＊혼일강리역대국도지도-태종, 현존 동양 최고

태풍이 **종**일 부니 **혼** 빠져!

혼이 깃든 **태**권도.

이햐(**이회**)~ 동양 **최고**? 혼 빠지게 멋있네!

＊팔도도(세종)

　조선 **팔도**에서 **세종**만한 인물이 없다.

＊계미자(태종), 갑인자(세종)

　태풍이 **종**일 부니 개미(**계미**)새끼 한 마리도 안 보여.

　태종은 **계모**를 **미워**해.

　세종은 **갑**최고!

＊조지서(세종)

　(위대한) **세종**처럼 되라고 **조지**다.

＊천상열차분야지도(← 고구려 천문도)

　천생(**천상**) **열차**나 타고 **고구**마나 사러 가야겠다.

＊『농사직설』(세종), 『의방유취』(의학 백과사전)

　세종이 최고! (**직설**적으로 말해)

　백과사전은 **방**대한 양을 **취**급.

＊고사관수도-강희안

　강가에 (**희한**한) **안주**를 갖다 놓고 **고사** 지내.

＊몽유도원도-안견

꿈(**몽**)속에서 안개(**안견**) 속을 거닐어.

＊아악 정리-세종

세종의 한글을 보고 세계가 놀라서 **아~ 악**!

＊『악학궤범』-성종

악한(**악학**도둑)이 **궤**짝을 뒤지고 **성**추ㅎ.

＊『동문선』-서거정(성종)

동문의 **선**배는 썩어성(**서거정**).

성희롱이나 일삼아.

2. 사림 세력의 성장과 성리학적 질서의 확산

＊사림의 정계 진출-성종 때

성적이 좋은 학생은 서울로!

＊무오사화(연산군)-김종직(조의제문)

뭐(**무오**)? **연산군**이 부녀자를 희롱해?

(가방끈 짧은) 종지(**종직**)기가 **제문**을 지어?

종지기가 종을 쳐서 죽음을 알려. (**조의**금을 내)

＊갑자사화(연산군)

엄마의 원수를 갚자(**갑자**)!

＊기묘사화(중종)-조광조(현량과)

앞으로 읽어도, 뒤로 읽어도 **조광조**, **기묘**!

중은 종일 **기묘**한 소리로 염불.

(자살골 먹은) **조광조**는 **현**명한 양(**량**)반이 아냐.

＊을사사화(명종)-외척 간의 대립

친척들이 얼싸(**을사**)안고 엉엉~ (상봉)

을싸(**을사**)! 을싸! 시위하고 다니면 **명**이 짧아져.

＊영남학파(동인)-조식, 이황

조금만 **식**사하다가

(영양부족으로 ×) 죽어서 **영~ 남**.

김**동인**이 조금만 **식**사하다가 **황**천길.

황천에 가면 **영~ 남**.

＊동인(신진 사림), 서인(기성 사림)

동쪽에서 새해(**신진**)가 뜬다.

서인석은 **기성** 탤런트.

＊동인-남인/북인으로 분리

동족이 **남북**으로 갈려.

동쪽엔 **남북**으로 길게 뻗은 백두대간.

＊백운동 서원(최초)-중종, 주세붕(풍기군수)

백번이나 **운동**을 해서 **최초**로 따냈다.

백번이나 **운동**을 했더니 **중**병이 들다.

중병환자가 주사(**주세**마약)를 맞고 몸이 **붕**~

주사(**주세**) 성분에서 마약 냄새가 **풍기**누나~

＊소수 서원(최초 사액 사원)-이황의 건의

최초엔 **사액**을 **소수**만 받았다.

왕이 **사액**을 내려줘? **황**송!

＊조광조(『여씨 향약』 도입), 이황(『성학십도』)

가수 **조항조**는 **여자씨**(여성팬)가 많다.

10도(**십도**) 화상을 입고 **황**천길.

황도.

＊이이-『성학집요』, 현실적·개혁적

이이는 **집요**하게 '이' 를 물고 늘어져.

기호는 2(**이**)! 기호는 2(**이**)! → 선거, 정치.

(정치가) **이이**는 **현실**·**개혁적** 성향.

＊도요토미 히데요시-전국 시대 통일

　　전국에 희대(**히데**)의 살인마가 많다.

＊부산진(정발), 동래성(송상현)

　　부산에서 대통령이 나왔대! 정말(**정발**)? (영샘이)

　　동네(**동래**)에 **송상**이 와서 장을~

＊유정(사명대사)-금강산

　　사명감을 갖고 **유정**의 미를~

　　금강산 사업, **유정**의 미를~

＊휴정(서산대사)

　　서산으로 넘어가 해는 **휴식**을 취해.

＊김시민(진주 대첩), 권율(행주 대첩)

　　진주 시민.

　　율동(향응) 끝. 식탁을 **행주**로 훔쳐.

＊정유재란-명량(울돌목)·노량 해전(이순신 ×)

　　정유소의 노란(**노량**) 연기를 보면 **명량**하지 않아.

　　울애기 돌잔치 때 모두가 **명량**(축하).

　　죽으면 얼굴이 **노래**져.

＊도쿠가와 이에야스-에도 막부 ○수립

　도라쿠트럭를 타고 애도(**에도**)를 표하러 가.

　(장례식장)

＊통신사 파견-에도 막부의 요청(유정 파견)

　통신사가 애도(**에도**)를 표하러 가.

　유정의 미를 거두고 오다.

＊누루하치-후금 건국

　누르스름한 **금**덩이.

＊인조반정(서인 집권), 중종반정(연산군 ↓)

　서인석, **인조** 가발 쓰고 대신 역할.

　연중행사처럼 노는 것을 즐기는 **연산군**.

＊정묘호란(← 이괄의 난 등)

　괄시하면 **정**이 **묘**하게 안 생겨.

＊정묘호란(인조)-이립, 형제 관계

　인조 반지는 **정**말 **묘**해!

　♪**립**스틱 짙게 바른 여인과 **정**을~

　형제간의 **정**.

* 병자호란-청 태종 침략

병자가 완치된 후 **태종**대 관광. (여유)

* 병자호란(인조)-삼전도의 굴욕, 인질, 군신 관계

인조 반지가 3전(**삼전**).

병자가 **삼전**도 없어서 치료를 못해. (**치욕**)

인질(고생), **병자**.

* 주화론(최명길), 주전론(윤집)

화평을 도모하면 **명**이 **길**어져.

싸우자고 고**집**을 부려.

* 북벌 운동(어영청)-효종, 송시열, 이완

북벌 운동은 **어영**부영. (실패)

효자는 **어영**부영 않지만 싸움(**북벌**)은 못해.

북벌 실패하면 죽어, **송**장(**시**신)이 돼.

몸이 **이완**돼서 싸움(**북벌**)을 못해.

* 나선 정벌-효종

나선형으로 감으면 **효**과 있다.

VI
조선 사회의 변동

1. 정치 운영의 변화

* 훈련도감(삼수병) → 어영청 → 총융청 → 수어청 → 금위영

삼수생이 **훈련**소(군대)나 갈까 고민.

훈련을 **어영**부영시킨 **총수**대장를 **금**고형에 처해.

* 금위영(숙종)-한성 수비

한성(서울) 땅값은 **금**값! (**금숙**이)

* 영정법(전세)-1결당 4두, 풍흉에 관계없이~

전세방을 구하느라 **영**~ **정**신없어.

죽을(**4**) 때 **영**~ **정**신없어.

영정사진 속의 인물은 **풍흉**에 신경 안 써.

* 대동법-1결당 12두

(연필 한 타스) **12**자루, 전국이 **대동**(똑 같아).

대동법에 오랫동안 시비(**12**)를 걸어. (반대)

* 균역법-결작~

　결석을 자주하면 **균**열이 생겨.

* 선조 때-동인/서인으로 분리

　(**선거** 때) **동**, **서**로 분열. (경상, 전라)

* 북인-광해군, 조식

　ㅂ은 **광**적? (이젠 평화?)

　ㅂ은 **조**금만 **식**사. (가난)

* 인조반정 이후-서인 + 남인

　(**인조** 반지돈를 주면서 회유)

　우리가 **서**로 **남**이가?

* 예송논쟁(현종)-자의 대비의~, 서인 vs 남인

　자의로 해석해서(알아서) **예**를 갖춰.

　(출연자에게) **현**찰을 많이 줘야 **예**의.

　서로가 **남**을 헐뜯어? **예**의가 아니지.

* 환국(3차례)-숙종 때(서인 vs 남인)

　숙(익을 **숙**), **환국**이 많다. 익었다.

　(**숙**맥이라고 하며) **서**로가 **남**을 헐뜯어.

*서인-노론/소론으로 분리

　서소노. (고구려 주몽의 부인)

　서인석은 남녀**노소**가 다 ♡.

*노론(강경), 소론(온건)

　노망이 들면 **강경**해져? (고집)

　소심한 사람은 **온건**?

*영조-균역법, 신문고, 청계천 정비

　균역의 부담을 줄이니 **영**~ 좋(**조**)아!

　신문고를 때리니 **영**~ 좋(**조**)아! (신속 해결)

　청계천이 **영**~ 좋(**조**)아졌어!

*영조-『동국문헌비고』,『속대전』,『속오례의』

　속(뱃속)이 좋아서 **영**~ 좋(**조**)아!

　이동국이 **속**, **속**, 꼴인! **영**~ 좋(**조**)아!

*정조-규장각, 초계문신제

　규장각에서 **규**수의 **정조**를 유린.

　정조를 유린하고 **초계**기를 타고 도주.

　정조 유린범의 팔에 **문신**이 있었어요. 흑흑... (신고)

*정조-장용영, 화성 건설

장한 **용사**가 **정조**를 유린?
정조를 유린당하면 **화**나고 **성**질나!
화성인이 침공, **정조**를 유린.

＊정조-서얼 등용
서로 **얼**굴을 보고 뿅~ **정조**를 바쳐. ^^

＊정조-통공 정책(금난전권 ×)
정조를 유린당하고 통곡(**통공**).
금상왕이 **전권**을 휘두르며 **정조**를 유린.

＊정조-『대전통편』, 『탁지지』, 『동문휘고』
일찍 죽은 **정조**, **통편**집.
정조 유린은 **탁**한 짓.
똑똑한 **정조**는 **휘문고** 출신.

2. 사회 개혁론의 대두

＊덕대-광산 경영
광산에서 힘든 일 하려면 떡대(**덕대**)가 커야.

＊상평통보 전국적 유통-숙종 때

숙(익을 숙), 익었다. **전국적**.

＊내상-일본과의 무역 주도
　일본 놈들 때문에 큰 **내상**을 입었다.

＊공노비 해방(순조)
　공순이(여공).

＊이수광-실학의 선구자 ,『지봉유설』
　맨 처음 **이수**한 분은 **선구자**!
　박사 과정을 **이수**하고 **지붕**(높은 곳) 위에서 **설교**.
　(홍수로) **지붕 유실**이 있수꽝(**이수광**)?

＊김육-대동법 확대 실시~, 시헌력 도입
　육시럴 놈을 **대동**하고 가.
　육시럴(**육시헌**)!

＊유형원-『반계수록』
　형을 **원**망도 않고 반겨(**반계**)줘.

＊실학자의 대부분-이익의 제자
　익크, 선생님 오신다!

＊이익－『성호사설』

　　성호를 그을 때 **익살**(**사설**)을 떨지 마.

　　사설을 떨며 **익살**을 부려. (개그맨)

＊이익(중농)－6좀론

　　좀 이익이 많아!

　　농사해봤자 **이익**이 없다.

＊정약용－『경세유표』, 여전론

　　정약용은 최고의 **경세**가.

　　약용식물 채취 장소를 **표시**.

　　정약용은 **여전**히 실학의 정상!

＊유형원－균전론(~ 토지 차등 지급)

　　유산균 음료, 큰 거와 작은 거. (**차등** 지급)

＊이익－한전론(영업전 매매 금지)

　　한전의 **영업이익**이 많아. (전기세 ↑)

　　이익이 **한**없이 많아.

　　영업이익이 **한**없이 많으니 **영업전**(상가)을 팔지 마.

　　(**매매 금지**)

＊유수원(중상)－『우서』

수원 삼성. (재벌, **상업**)

수원 삼성이 먼저 웃었다. 웃어(**우서**). (야구)

∗ 홍대용-『의산문답』(지전설)

　의사(**의산**)에게 **문답**_{질문}하면, "**홍, 대**답도 안 해." ^{바빠서리~}

　의사는 **지전**(종이돈)을 많이 번다.

∗ 홍대용-문벌제도 ×, 지전설(중국 중심 세계관 비판)

　중국을 **비판**? **대**단한 **용**기!

　대단히 **용**감해야 **지전**(종이돈)을 벌어.

　지전이 많으면 **중국**에게 꿀릴 것 없어!

∗ 박지원-『열하일기』,『양반전』,『호질전』

　원동기(모터)에서 **열**이 나.

　양반에게만 **지원**.

　(대빵이 순쉬리만) **지원. 호**~ 질려!

∗ 박지원-수레, 선박, 화폐

　수레(**화폐**)를 **지원**하면 능률이 ↑.

　선박. 원동기(모터) 장치.

∗ 박제가-『북학의』

　제가 북의 **학**문을 보고 감탄!

＊박제가-소비 강조

제가 소비를 할게요, **제품의 가격**이 싸서.

3. 문화의 새로운 변화

＊안정복-『동사강목』

동사(凍死)된 놈을 **강목**(각목)으로 후려쳐!

똥 싸(**동사**)면 **각목**으로 후려쳐!

(무섭고 더러버서) **안정**제 복용.

＊유득공-『발해고』, 남북국 용어

고집을 부리면 **유**(당신), **득** 될 거 없어!

해발(**발해**) 몇 m를 더 오르자고 **고집**.

남북이 부득부득(**유득**) **고집**을 부려.

＊한치윤-『해동역사』

해동이 풀리면 **한치**를 잡으러 가자.

한치 앞을 알 수 없는 우리 **역사**.

＊이종휘-『동사』, 고구려사

이 종이(**이종휘**)가 똥 싸(**동사**).

고구마 똥 싸(**동사**).

＊이긍익-『연려실기술』

　긍긍 대지마, 염려(**연려**)하지 마.

＊이중환-『택리지』

　중요한(**중환**) 날을 **택**해서 이사.

　이 중요한 택배.

＊정상기-동국지도(100리 척)

　(동궁마마는 아무도 못 말려)

　동궁(**동국**)마마는 **정상**이 아냐.

　100리를 한달음에? **정상**이 아냐.

＊신경준-『훈민정음운해』

　훈민정음을 **신경**질 나게 안 써.

　신경질을 내니 엉엉 우네(**운해**). **운**다.

＊유희-『언문지』

　(한글이) 유치(**유희**)하다고 **언문**이라고 불러.

＊김석문-지전설

　석두는 **지전**(종이돈)을 못 벌어.

＊곤여만국전도(마테오 리치) → 중국 중심 세계관 극복

린치(**리치**)를 당해서 **곤란**.
중국을 비판하면 **린치**를 당해.

* 『**천주실의**』(마테오 리치), 『**기기도설**』(정약용)
  린치(**리치**)를 당해서 **실의**에 빠져.
  약용식물은 **기**, **기**를 높여줘.

* 이제마-『동의수세보원』, 사상 의학
  이제 막(**마**) **동의**를 받았네, **사상**범 체포 건을.

* 신속-『농가집성』
  신속하게 **농가**들이 **성**장.

* 박세당-『색경』
  색시한테 **빡세**게 **당**했당~

* 서유구-『임원경제지』
  경제는 **유구**한 역사를 거쳐서 ↑.
  서구(유럽)의 **임원**.
  (**서유기**) **임원**들은 **경제**에 빠삭!

* 정선-인왕제색도, 금강전도
  재색을 겸비한 미녀를 **정선**(뽑아).

금강산에서 **전도**할 때 **정선**된 언어로.

＊김홍도-서민들 애환

　홍도는 **서민**.

＊신윤복-양반의 생활 모습, 남녀 사이의 애정

　복 받은 **양반**들. (**여복**도 많아)

＊강세황-서양화 기법

　서양화는 (색채가) **강렬**!

4. 세도 정치의 폐단과 농민 봉기

＊순조(안동 김씨), 헌종(풍양 조씨), 철종(안동 김씨)

　세도가들 왈, "왕이 **순**해서(**철**이 없어서) 안도(**안동**)."

　풍랑(태풍)이 일면 **헌** 집이 돼.

＊삼정의 문란-전정, 군정, 환곡

　전군환, (전두환)

＊신유박해(순조)-이승훈 처형

　유신(**신유**)체제 때 모두가 **순**했을까?

유신(**신유**)체제 때 **이승**에서 사라져. (암살?)

*동학 창시-최제우

　제우스신이 **동학**을 창시.

*최시형(2대)-『동경대전』, 『용담유사』

　이(**2**) **형님**만 믿어!

　동경에 사시는 **형님**.

　형님이 계 **유사**.

*홍경래의 난(순조)-평안도, 청천강 이북, 정주성 전투

　순한 사람은 **경례**(경래)를 잘해.

　경례인사를 하고 다니면 마음이 **평안**.

　경례는 **정 주**는 것.

*농민 봉기-철종 때 가장 극심

　철저히 썩었다.

*임술진주 농민 봉기(철종)-백낙신, 유계춘, 삼정이정청 ○

　임과 **술**에 뿡빠진 **철**ㅈ. (**백진주**)

　유(당신), **계속 춘**심이와 **술**을 마시려면 **진주**반지 사줘야 해.

　임하고 **술**을 마시면 **정이** 솔솔~

VII
통일 제국의 등장

1. 중국의 통일과 유교의 성립

* 춘추 시대-5패 중심, 존왕양이

   춘추가 많으신 분은 오(**5**)랫동안 **패**를 만졌어. (화투)

   춘추가 많으신 분은 **존 왕**(좋은 왕). **존**경.

* 춘추·전국-철기, 제자백가

   춘추가 많아야 **철**이 들어.

   춘추가 많으신 분은 **전국**에 **제자**가 **백** 명.

* 도가-노자, 장자·무위자연

   도덕시험은 **무위**하게 (놀다가 봐도 점수 좋아.)

   장자는 **무위**하게 (놀아도 상속 많이 받아.)

* 묵가-겸애, 평화

   싸구리 **묵**을 먹는 사람은 **겸손**. (가난)

   묵을 땐 **평화**로워.

＊법가-상앙, 한비자

　　법대로 하니까 **상**인상을 쓰며 **앙**앙~

　　한없이 **비**정한 **법**!

＊진-군현제

　　진, **군 현**대화로 통일!

＊진-분서갱유(법가)

　　진짜 **분**해**서 법**으로 따져.

＊진-만리장성(흉노 대비)

　　만리장성은 **진**짜 웅장!

　　만리장성이 **흉**해져. (관리 ×)

＊진-진승·오광의 난

　　짐승(**진승**) 취급을 해서 **진**짜 뿔났다!

　　짐승이 덤벼서 **진**땀을 빼.

　　오광 든 사람에게 진 **진나라**. (화투놀이)

＊유방-한 건국

　　유방이 **한**없이(굉장히) 커. ^^

＊무제-군현제

군을 **현**대화해서 **무제**한 침략.

＊무제(한)-태학(동중서)

　　퇴학(**태학**)을 **무제**한(**한**없이많이) 당해.

　　동으로, **중**으로, **서**로 **무제**한(**한**없이) 달려.

＊무제-장건 파견(비단길 개척)

　　장사치 **건**달이 **비단**을 팔러 다녀.

　　비단을 **무제**한 생산.

＊무제-영토 확장

　　영토를 **무제**한 **확장**.

＊무제(한)-전매 제도(소금 등)

　　소금을 **무제**한(**한**없이) 먹으면 안 좋아.

＊왕망(신), 광무제(후한)

　　왕이 **망**해야 **신**나! (폭정?)

　　광무개혁 성공! **후한** 상금을 주다.

＊황건적의 난(후한)

　　황건적(**건**달)에겐 **후한** 상금을 안 주지롱~

＊한-훈고학 발달

　훈장님에게 **한**대 맞다.

＊사마천(한)-『사기』

　사마귀가 **천** 마리? **사기** 치지 마!

　사기 친 놈, **한**대 맞아!

＊반고-(『**한서**』), 채륜(한, 제지술 개량)

　반평생 **고**생한 게 **한**이 서려.

　한지(종이) **개량**한 **채륜**에게 **후한** 상금 드려.

2. 인도의 통일과 불교의 등장

＊크샤트리아(정치, 군사), 바이샤(평민)

　크게 노는 **정치**가들.

　이삭(**이샤**)을 줍는 **평민**(농민).

＊불교-마우리아·쿠샨 왕조의 지원

　불교가 **마**구 **우리**를 기쁘게 해!

　불교가 쿠션(**쿠샨**)이 좋은 곳으로 안내. (천당)

＊찬드라 굽타-마우리아 왕조 (북인도 통일) 건국

짠(찬)! **드라큘라가 마구 우리**를 괴롭혀.

(남북)**통일! 마구 우리**를 기쁘게 해!

*마우리아 왕조-아소카 왕

아, 소원을 풀어 주어서 **마구 우리**를 기쁘게 해!

*아소카 왕-칼링가 전투 ○

아, 소원을 풀 때는 **칼**(무력)로!

*마우리아-상좌부 불교(개인의 해탈 ↑)

마구 우리를 기쁘게 한 분을 **상좌**에 모셔.

해탈하신 분을 **상좌**에 모셔.

*아소카 왕-돌기둥, 산치 대탑

아, 소원을 풀어준 분에게 **돌기둥**(공적비) 세워드려.

아, 소원을 풀어준 분에게 상치(**산치**)쌈 드려. (맛 ○)

*쿠샨 왕조-인도 재통일, 카니슈카 왕

재통일 (띵까띵!) **카니**발 축제.

카니발 축제 때 쿠션(**쿠샨**)이 좋은 의자에 앉아서 구경.

*카니슈카 왕-동서 무역, 중계 무역

카니발 축제 때 **동서**(외국)에서 몰려와.

카니발 축제, **중계**방송.

＊카니슈카 왕(쿠샨)-대승 불교 ↑

카니발 축제 때 게임을 **대승**!

스리 쿠션(**쿠샨**)을 쳐서 **대승**! (당구)

대승(큰 스님)을 **쿠션**이 좋은 의자로 모셔.

＊간다라 미술-인도 문화 +헬레니즘 문화, 동아시아로 전파

헬렐레~ 하며 **인도**로 **간다**.

동아대 **간다**

＊상좌부 불교-동남아시아로 전파

상좌에 앉은 제갈량이, "**동남**풍아 불어라~"

＊카니슈카 왕(쿠샨)-간다라 미술 ↑

카니발에 **간다**.

쿠션(**쿠샨**)이 좋은 의자에 앉으려고 **간다**.

＊안드라 왕조(데칸 고원)

대컥(**데칸**) 안 들어(**안드라**)오고 뭐해?

3. 서아시아의 통일과 조로아스터교의 등장

*아시리아-철제 무기, 최초로 오리엔트 통일

아시리, **철**이 강한 걸. (앗싸아시, **오리엔트** 시계다!)
아시리, **오리엔트** 시계가 좋다는 걸.

*아시리아-가혹한 통치로 멸망

아시리, **가혹**하게 굴면 안 된다는 것을.

*아시리아-리디아, 메디아, 신바빌로니아, 이집트로 분열

아시리, 니(**리**), **디아**스타제가 좋다는 걸.
아시리, **매디**매듭가 **아**주 단단하다는 걸.
아시리, **신**형 바벨(**바빌**)이 좋다는 걸.
아시리, **이 집**이 좋다는 걸.

*키루스 2세-서아시아 재통일, 아케메네스 왕조 페르시아

키가 누(**루**)구보다도 큰 사람이 **통일**! (힘 ○)
아케이드에 **키**가 누(**루**)구보다도 큰 마네킹이~

*다리우스 1세-아케메네스 왕조 페르시아

♪**페르샤** 왕자가 (**다리 우**측에서 데이트) **아케**이드에서 쇼핑.

*다리우스 1세-왕의 눈 · 왕의 귀, 관개 시설, 화폐 통일

다리 우측에서 데이트. **왕의 눈과 귀**감찰관가 감시.

다리 우측의 **관개 시설**을 **정비**.

다리 우측의 **아케**이드에서 **화폐**로 물건을 사.

＊아케메네스 왕조 페르시아-관용 정책

♪**페르샤** 왕자~ 는 사랑받는 노래. (**관용**에 감복해서 ♡)

아케이드의 직원들은 친절(**관용**).

＊아케메네스 왕조 페르시아-총독의 반란, 쇠퇴

아케이드의 직원(**총독**)들이 시위.

＊페르시아-알렉산드로스에게 멸망

♪**페르샤** 왕자가 알레(**알렉**)르기에 걸려서 **죽다.**

＊파르티아(이란계)-메소포타미아 지배

파르르 떨어? **이**거 난(**란**)리 났군!

메일(**소포폭탄**)을 받고 **파르**르 떨어.

＊파르티아-한, 로마 간 중계 무역

강한 **로마** 앞에서 **파르**르 떨어.

한없이 떨어.

＊파르티아-사산 왕조 페르시아에 멸망

♪**페르샤** 왕자의 애를 **사산**시켜서 **파르**르 떨어.

∗**박트리아(그리스계)-아프가니스탄과~**

그리 박터(**박트**)지게 몰려와?

박터(**박트**)지니 **아프가니(아프니)**?

∗**박트리아-쿠샨 왕조에 멸망**

쿠션(**쿠샨**)이 좋은 곳을 차지하려고 박터(**박트**)지게~

∗**사산 왕조 페르시아-조로아스터교(국교)**

♪**페르샤** 왕자가 (사실은) 쾌걸 **조로**!

애가 **사산**이 되지 않게 **조로**에게 빈다. (**국교**)

∗**사산 왕조 페르시아-비잔티움 제국과 경쟁**

머리에 **비듬**(공해)이 **잔**뜩 끼어서 애를 **사산**.

애를 **사산**시킨 사람 vs 머리에 **비듬**이 **잔**뜩 낀 놈.

∗**사산 왕조 페르시아-이슬람 세력에 멸망, 금속 세공술**

찬 **이슬**을 맞고 다녀서 애를 **사산(멸망)**.

사산한 애를 **금속** 핀으로 꺼내.

∗**페르시아 문화-국제적**

♪**페르샤** 왕자~ 노래는 **국경**을 초월해서 ♡.

＊조로아스터교(배화교)

　　배화 여고생들은 **조로**를 좋아해.

　　조로가 나타날 때 음향효과, 불(**火**)이 번쩍! (영화)

＊조로아스터교-자라투스트라(창시)

　　쾌걸 **조로**는 **자라**를 먹고 힘, **투 스트라**이크를 쳐.

＊조로아스터교-다리우스 1세가 후원

　　다리 우측에 나타난 **조로**에게, "화이팅!"

＊선한 신-아후라 마즈다

　　아, **후라**이만 안 까도 **선**한 소릴 듣는구나.

＊조로아스터교-선 vs 악, 천국과 지옥

　　조로가 **악**당을 **지옥**으로!

4. 지중해 세계의 통일과 크리스트교의 등장

＊에게 문명-해양 문명(청동기)

　　해양에서 **게**를 잡아. (**해양**은 **청**색)

＊크레타(미노스) 문명

크레용. 미술 노트.

＊크레타(에게 문명)-크노소스 궁전(밝고 생동감)

크게 노는 분들이 계신 **궁전**에 데려다 줄게. 그래(**크레**), **타!**

에게, "**그래, 타!**"라고 하던 차가 이거?

크게 노는 분들은 **밝고 생동감!**

＊미케네(에게 문명)-그리스 본토

美를 캐내(**미케네**). **그리** 美를 캐내. (미인만 밝히네)

에게, 미인만 밝히네! (좀팽이)

＊미케네-트로이 전쟁, 도리아 인에게 멸망

트로이 목마에서 **미**인을 **캐내**(꺼내).

美를 캐다가 (미인만 밝히다가) **도리**어 죽다. (ㅅ병)

＊솔론(아테네)-재산에 따른 참정권 부여

돈(**재산**)이 **솔**솔 새나가, **정치**한다고.

아, 테너(**아테네**)가 ♪**솔**라시도~ 불러.

＊클레이스테네스(아테네)-도편 추방제

너 클래(**클레**)? NO, 꺼져!

아, 테너가 **클**려고 **스태**미나를 키워.

아, 테너가 '**도**' 음정이 틀려서 잘려(**추방**).

＊클레이스테네스-민주주의 기틀 마련
  클러면 **민주주의**를 해야!

＊페리클레스-관리 추첨, 수당 지급, 민주 정치 완성
  페리호 선장이 **클러**고 **민주**당에 입당.
  추첨을 해서 **페리**호 여행권 당첨.
  수당을 타서 **페리**호 타고 여행.

＊펠로폰네소스 전쟁-아테네델로스 동맹 vs 스파르타(○)
  아, **테**너가 **딜(델)**렁대며 노래를~
  필로폰(**펠로폰**)을 맞고 **스파르타** 훈련.
  강 **스파르타** 훈련을 받고 **승리**!

＊폴리스-마케도니아에 정복
  폴리스(도시)의 땅을 막 캐(**마케**). (난개발)

＊호메로스(그리스)-『일리아드』
  오매(**호메**), **그리**하면 안 돼!
  오매, **일리** 있는 말씀 하셨소!

＊호메로스-『오디세이』
  오매(**호메**), 어디(**오디**)서 오는 길이요?

＊투키디데스-『펠로폰네소스 전쟁사』

두(**투**) **키**다리가 **디데**이를 정해놓고 **필로폰** 흡입.

＊파르테논 신전(그리스)-아테나 여신(조화, 균형)

팔을 테(**파르테**)야 **논**을.

그리 팔고 싶으면 적당한(**균형**) 값에 내놔.

＊소피스트(그리스)-상대적 진리

길에서 **소피**를 갈길 때 **상대**(누가)가 있나 살피고.

그리 **소피**가 급하면 아무데서나 갈겨.

＊소크라테스-절대적 진리

소크라테스는 **절대** 도망을 안가. (죽으면 죽었지)

＊아리스토텔레스-학문을 체계적으로 정리

텔레비전, EBS, **학문**.

＊알렉산드로스-동서 융합 정책

알레(**알렉**)르기가 **동서**로 사방으로 퍼져. (전염병)

＊알렉산드리아 건설-그리스 인 이주

알레(**알렉**)르기에 걸린 사람을 **그리**로 격리.

＊헬레니즘-그리스 문화 +동방 문화

그리 헬렐레~ 하며 어딜 쏘다녀?

＊아르키메데스(헬레니즘)-부력의 원리

아르켜 달라고 **헬렐레**하며 쫓아 다녀.

미끄러운 **목욕탕**에서 메다(**메데**) 꽂혔다. **헬렐레~**

＊유클리드(헬레니즘)-기하학

유(당신), 클려면 **기하**급수적으로 커버려!

유, 클려면 **헬렐레~** 하지 마!

＊에라토스테네스-지구 둘레 계산

에라, **토스트**나 먹으며 **지구 둘레**길이나 돌고 오자.

(걷기 운동)

＊헬레니즘-스토아·에피쿠로스 학파

스토브의 불이 **헬렐레~** 하며 훨훨~

에이 피곤해! 헬렐레~

＊스토아-금욕 강조

욕심 스톱(**스토**)!

＊에피쿠로스-쾌락 강조

에이 피곤해! 놀자.

＊라오콘 상-사실적, 헬레니즘

　　헬렐레~ 하는 나(**라**), **오**떻게?

　　나, 오떻게? 고추가 다 보여서. (**사실적**)

＊비너스 상·사모트라케의 니케 상-헬레니즘

　　아름다운 **비너스**를 보고 **헬렐레~**

　　니, 캐캐(**케**) 묵은 생각으로 **헬렐레~** 하면 **사모**님과 **트라**

　　블. (사모님이 왕짜증)

＊헬레니즘-개인주의, 세계 시민주의

　　헬렐레~ 하며 사방(**세계**)으로 쏘다녀, 혼자서(**개인주의**).

＊포에니 전쟁-로마 vs 카르타고

　　포니 카를(**카르**) **타고** 가. (옛날 차)

＊로마-포에니 전쟁(○) → 지중해 장악

　　포니를 타고 **지중해**를 가. (**지구**의 **중**심까지 가)

＊포에니 전쟁 → 라티푼디움 ↑

　　포니를 타고 가니 나(**라**)를 **푼**수라고 놀려. (고물차)

＊라티푼디움-노예 이용한 대농장
　　나(**라**)는 **푼**수를 떠는 **노예**.

＊그라쿠스 형제의 개혁
　　그라니까 **쿠**린내 나는 걸 버리고 **개혁**!

＊옥타비아누스-제정 시작
　　재정이 딸려서 옥탑(**옥타**)방 신세, **비누**도 못 사.

＊서로마-게르만 족 이동으로 멸망
　　게으르면 **서**서 일해. (고생)

＊12표법-평민과 귀족의 동등한 권리
　　귀족들이 함부로 시비(**12**) 걸지 못해.

＊리키니우스 법-집정관 중 1명은 평민에서 선출
　　니(**리**) **키**다리 **1명**, 이리와!

＊호르텐시우스 법-평민회의 의결은 원로원의 승인 없이 효력~
　　호로(**호르**) 자식, **원로원**을 무시해? 샹!

＊스토아 철학↑-키케로, 마르쿠스 아우렐리우스
　　스토브의 불은 서로 **키**를 재듯 활활~

아우, 날래(**렐리**)와서 **스토브**의 불 좀 쬐.

* 리비우스-『로마사』

로마에 가서 로마법을 따르지 않으면 니(**리**), 비웃어(**비우스**).

* 카이사르-『갈리아 전기』

카이젤 수염이 입의 양쪽으로 **갈리**어 졌다.

* 타키투스-『게르마니아』

게으름(**게르**)을 즐기는 **마니**아는 악마의 타킷(**타키**)!

게르마늄 **마니아**는 삼성전자의 타킷(**타키**)! (얼마든지!)

* 예수-팔레스타인에서 탄생

팔려(**팔레**)가는 **스타**, 그 이름은 **예수**!

* 콘스탄티누스-밀라노 칙령(크리스트교 공인)

허리에 찬 탄띠(**탄티**)를 풀다. (항복, **공인**)

밀려오는 **노**한 성도들에게 (맛있는) **콘**을 주며 달래.

* 테오도시우스-크리스트교 국교화

도시마다(**도시 우측**에) 교회가 많다. (**국교화**)

VIII

지역 세계의 형성과 발전

1. 동아시아 문화권의 형성과 발전

＊삼국 통일(진), 5호 16국(화북 장악), 동진(진의 강남 이주)

　통일을 이룰 때 **진**땀을 뺐다.

　5·16은 반란? 정부의 **화**를 **북**돋아.

　강남 룸살ㄹ에서 썩은 내가 진동(**동진**). (탈세)

＊북위(북조)-선비족, 화북 통일

　ㅂ에도 **선비** 같은 사람이 있을까?

　북이(**북위**) **화**를 **북**돋아?

　북조선이 **화**를 **북**돋아? (이제는 평화?)

＊위·진·남북조-9품중정제

　9급이 위로 **진**출, **중앙정**보부 근무.

　중정에서 **남북**특사 파견.

＊북위-효문제(한화 정책)

　ㅂ에도 **효**자가 있을까?

효자는 문제가 많아 (반대하는) **한화 정책**을 추진해.

* 강남-귀족 문화의 중심지

　서울 **강남**은 부자(**귀족**) 동네.

* 북위-균전제

　북이(**북위**) **균**등하게 분배를 할까?

* 북위-윈강 석굴

　북이(**북위**) 엔(**윈**)간히 **강**해야지! (핵?)

* 위·진·남북조-노장·청담 사상, 죽림칠현

　(**청담동**) **노장**들은 **위**로 **진**격도 않고 **죽**치고 놀아. (발전 ×)

* 위·진·남북조-도연명, 왕희지, 고개지

　도대체 **연명**은 어떻게? **위**로 **진**격해서 뺏어 먹었지.

　왕이 **희**한해. **위**로 **진**격만 하려고 해. (북진통일?)

　고개를 넘으며 **위**로 **진**격!

* 고개지-여사잠도

　여사가 **잠**도 못 이루고 **고개**를 푹. (고민)

* 수 문제-과거제 실시

과거 시험, **수**(100점)!

문제를 잘 맞춰서 **과거**에 급제.

＊양제-대운하 건설, 돌궐 복속

돌을 골(**궐**)라서 **양**쪽에 **제**방을 쌓고 **운하** 건설.

＊이연-당 건국, 장안

이 연놈들을 **당**장에! (**연**달아 **당**선!)

서울 **장안**은 **당**당(大)!

＊태종-3성 6부제

태종대에서 **36**9 게임을 하고 놀아.

＊당-균전제, 부병제, 조·용·조

당연히 **균**일하게 나눠야지.

당신이 **부**모 **병**수발을 해.

조용조용해, **당**하지 말고!

＊고종-돌궐 정복, 백제·고구려 ×, 파미르 고원 ↑

고종 할배가 돌격(**돌궐**)을 하다가 **파**김치(지쳐).

고종이 우리나라를 말아먹다?

(조선의 고종?)

＊당(현종)-안·사의 난 → 균전제 × → 장원제

　　당장 **안사**? 안사! **현**찰로 **안사**고 카드로~

　　내 물건을 **안사**면 신뢰가 **균**열이 돼.

　　안사면 **장원**급제도 못해.

＊당-안·사의 난 → 모병제, 황소의 난

　　안사면 **모**두 **병**이나.

　　안사면 **황소** 뿔에 받혀. (저주)

　　(사나운) **황소**를 **당**할 수가 없다!

＊당-네스토리우스교(경교), 조로아스터교 유행

　　네 스토리 우스워, **경**쾌해. **당**장 책으로 내자.

　　당당한 쾌걸 **조로**!

＊당 문화-귀족적·국제적

　　귀족들은, **국제적**으로 노는 사람들은 **당**당!

＊당-이백, 두보, 백거이

　　이백 명과 **당**당히 맞짱!

　　두고 보라고, **당**당히 맞설 테니까!

　　당당히 백걸(**백거**)음을 건다. (아기)

＊당-왕유, 구양순

왕이 더 **유**리하지? **당**근이지!

당분을 넣은 **구**수한 **양**념.

당신, **양**순한 처녀를 좋아해? **당**근이지!

＊훈고학-『오경정의』(과거 시험의 기준)

훈장님의 질문. **오경**의 **정의**를 내려라, **당**장!

과거시험 문제. **오경**의 **정의**를 내려라.

＊일본-수ㆍ당에 견수사, 견당사 파견

수당을 많이 타려고 **견**딘다.

＊야요이 시대(기원전 3c)-벼농사

야, **요**년 삼삼(**3**)!

야, **요**것이 맛있는 밥(**벼**)!

＊야마토 정권(4c)-아스카(수ㆍ당 문화 수용)

야마 돌아 죽겠네(**4**)!

수당이 적게 나와서 **야마** 돌아!

수당을 타려고 아슬아슬(**아스**)한 일을 해.

＊야마토-쇼토쿠 태자, 아스카

토크쇼(**쇼토쿠**)에서 아슬아슬(**아스**)한 말이 오가.

아슬아슬(**아스**)한 일만 생겨서 **야마** 돌아!

＊야마토-다이카 개신(← 당 율령)

다(모두) **이 카**(차) 때문에 사고. **야마** 돌아!

다 이 카가 **당**당하다고(좋다고)~

＊나라 시대(8c)-헤이조쿄 천도

나라? **나라**이름이 좋고(**조쿄**)! **헤이 조쿄**!

나라가 팔팔(8)!

＊나라 시대-도다이 사

나라가 **도**대체 **다 이** 모양이야?

＊헤이안 시대-장원 확대, 무사 고용, 국풍 문화(가나 문자)

헤이, **장원**급제 했니?

헤이, **무사 고용** 안할래?

헤이, **국풍** 행사에 참가했니?

헤이, 어디 **가나**?

2. 이슬람 문화권의 형성

＊이슬람교 창시(7c)

일개 상인이 세계적 종교로, 행운(**7**)!

＊이슬람교-만민 평등 ↑

　　평등. 이슬 같은 사랑.

＊헤지라-메디나로 피신

　　해지(**헤지**)기 전에 **피신.**

＊정통 칼리프 시대-시리아·이집트·사산 왕조 페르시아 ×

　　시리아는 **정통**이 아냐, 아시리가 정통이야.

　　이 집은 **정통**이 아냐, 철거. (무허가)

　　애는 **정통**이 아냐, **사산**시켜. (불륜)

＊정통 칼리프-비잔티움 제국 공격

　　머리에 **비**듬이 **잔**뜩 낀 놈은 **정통**(신사)이 아냐.

＊우마이야 왕조-민족 차별 정책

　　가난한 **우마차** 인부는 시러~ (**차별**)

＊시아파-알리의 가문에서 칼리프가 나와야~, 우마이야 정
　통성 ×

　　자기 씨앗(**시아, 혈통**)만 인정.

　　시아버지가 자기 아들만 귀한 줄 알아.

　　시아버지가 **우마**차 인부를 멸시.

＊아바스 왕조-우마이야 ×, 바그다드

아바이 동무가 **우마**차를 부셔.

아바이 동무는 사람이 바글바글(**바그**)대는 곳에서 일해.

＊아바스-민족 차별 정책 ×

차별 폐지? 아~ **바**라던 세상!

＊탈라스 전투-아바스 vs 당(고선지)

아바이 동무가 **탈**탈 털고 일어나. (노름방에서)

아바이 동무가 그(**고**) **선지**국을 먹고 **탈**.

＊아바스-셀주크 튀르크의 지배 → 몽골에 ×(13c)

셀 수 없이 많은 **주크**박스를 틀어서 **아바**이 동무를 홀려.

몽니 부리며 **골**내니 **아바**이 동무가 울어.

몽고간장을 **아바**이 동무에게 확 뿌려!

불길한 **13**일에 **아바**이 동무가 사고.

＊후우마이야 왕조-이베리아 반도

후우~ 이 배(**이베**)를 놓칠 뻔했네!

＊파티마 왕조-북아프리카 이집트

이 집에서 **파티**. 북어(**북아**)대가리를 고아서~

* 이슬람 문화-'○' 개념 수용, 연금술(알코올)

　새벽**이슬**은 해가 뜨면 O(사라져).

　연금할 때 공업용수는 **이슬**.

　참이슬 소주, **알코올**(소주).

* 이슬람-지구 둘레 계산

　(새벽에) **둘레**길을 돌다 옷에 **이슬**이 묻어.

* 이븐 시나-『의학전범』

　이분(**이븐**) 뱃속에 시너(**시나**)를 부어 죽인 **의학 전범**(의사)을 체포하라!

3. 인도와 동남아시아 세계의 발전

* 쿠샨 왕조 멸망 → 굽타 왕조

　쿠션(**쿠샨**)이 좋았던 의자가 몸이 **굽**다. (노후)

* 찬드라굽타 2세-북인도 통일, 남인도에 영향력 행사

　짠! 드라큘라가 **북인**의 피를 빨아.

　짠! 드라큘라가 **남인**의 피도 빨아. 쬐깐.

* 굽타 왕조-힌두교 성립, 카스트제 강화

나쁜 **카스트제** 때문에 몸이 **굽다**. (고생)

＊굽타-왕을 비슈누에 비유
　　왕인 나에게 **굽**실거리며 비슈(**비슈누**)!

＊굽타-『마누 법전』(힌두교)
　　흰(**힌**) 수건을 쓴 **마누**라의 몸이 굽다(**굽타**).

＊산스크리트 어-『마하바라타』, 『라마야나』
　　마하의 속도로 산수(**산스**) 실력이 늘었으면...
　　산수를 못해서 나(**라**), 야마(**마야**) 돌아!

＊산스크리트 어(굽타)-브라만 계층의 언어
　　산수(**산스**)를 못하면 **굽**은(↓) 인생.
　　산수를 잘해. **브라**보!

＊굽타-인도 고전 문화 전성기
　　고전. 퇴색. 몸이 굽다(**굽타**).

＊굽타-원주율 · '0' 개념 발견, 10진법
　　원주율을 끝까지 계산하다 몸이 **굽다**. (고생)
　　몸이 **굽**은 사람은 0점.
　　굽실거리며 "**10**원만 줍쇼."

＊아잔타 석굴 사원-굽타 양식

　몸을 **굽**혀서 숲속을 살피는 타잔, 아~ 타잔(**아잔타**)!

＊이슬람 왕조-북부(맘루크), 남부(촐라)

　ㅂ. 맘 놓고(**맘루크**). 말을.

　남에선 **촐**랑대며 까불어대도 돼. (자유)

＊리 왕조(대월)-과거제, 관료제, 국자감

　니(**리**), **대월**이자 갚아.

　니(**리**), **과거** 볼래?

　니(**리**), **관료**로 나가볼래?

　니(**리**), 감자국(**국자감**) 좋아하지?

＊캄보디아-부남 → 진랍

　부산 **남**자들이 **캄보**이.

　캄온 보이! (부르니까) **진**짜 납(**랍**)신다온다.

＊파간(미얀마)-상좌부 불교

　다 **파간**(가져간) 뒤에 미안(**미얀**)? 샹!

　상좌에 앉은 놈들이 다 **파**갔다.

＊수코타이-상좌부 불교

　(지지 않고) **타이**스코어 이룬 분을 **상좌**에 모셔.

＊스리위자야(7c)-수마트라 섬

　수마가 **트라**블(할퀴고 지나갔다).

　정부가 **스리**(3장) **위자**료를 주다.

　스리 위자료를 받은 건 행운(**7**)! (3백만 원)

＊샤일렌드라-자와 섬, 보로부두르 사원

　자, 와! **사이렌**이 울리는 곳을 가게.

　사이렌(고동소리)이 울리는 곳을 **보러** 가자, **부두**에.

　자, 와! 보러(**보로**)가자, **부두**에.

＊마자파히트-자바 섬, 향신료 무역

　자, 봐(**바**)! **마**지막에 **히트**를 쳤잖아!

　마저(**마자**) 맛있는 **향신료**를 먹고 가자.

4. 유럽 문화권의 형성과 발전

＊게르만 족-발트 해 연안 거주

　게으른(**게르**) 놈은 **발**도 **트**고 손도 터.

＊훈 족의 압박 → 게르만 족의 이동

　훈련을 시키니까 게으른(**게르**) 놈이 도망가.

＊게르만 족-프랑크·부르군트·서고트·반달 왕국

　게으른(**게르**) 놈은 **프랑**(돈) 못 벌어.

　게으른 놈(롬)이 **부르**르 떤다. (늙어서)

　게으른 놈은 **서서 고**생하며 일.

　게으른 놈은 **반 달** 치 월급만 줘.

＊프랑크 왕국-갈리아 지방, 게르만 왕국 중 가장 번성

　프랑(돈)을 많이 주면 **갈리** 없지.

　프랑(돈)이 많아서 **번성**.

＊클로비스(프랑크)-크리스트교로 개종

　(귀한) 네잎클로버(**클로비**)는 **프랑**(돈)이 돼.

　클려고 **크리스트교로 개종**. (세계적 종교)

＊카롤루스(프랑크)-서유럽 문화의 기틀 마련

　프랑(돈)으로 카를(**카롤**) 사.

　카를(**카롤**) 탄다. 입술에 루즈(**루스**)를 바르고 외출.

　(**문화**생활)

＊카롤루스 사후-서·중·동프랑크로 분열(베르됭 조약)

　카를(**카롤**) 타고 가다 사고. **세 토막**으로 **배를 댕**강.

＊비잔티움-서로마 제국 멸망 이후 천 년 이상 존속

머리에 **비**듬이 **잔**뜩 낀 채 **천 년 이상** 살아? 헐~

＊비잔티움-황제 교황주의
  황제와 **교황**, 두 일을 하느라 머리에 **비**듬이 **잔**뜩 끼어도
  감을 시간이~

＊유스티니아누스-옛 로마 제국 영토 거의 회복
  로마에 **유스**호스텔 건축.

＊비잔티움-『**유스티니아누스 법전**』(로마법 대전, 6c)
  머리에 **비**듬이 **잔**뜩? "**유**(당신), **티** 나게 구네!"
  머리에 **비**듬이 **잔**뜩? **유스**호스텔에서 거절.
  (**로마**에 가서 **로마법**을 따르지 않고) **유**, **티** 나게 굴면 안 돼.
  6법전서.

＊레오 3세(비잔티움)-성상 숭배 금지령
  머리에 **비**듬(먼지)이 **잔**뜩 낀 **성상**은 **숭배**를 안 해.
  네(**레**) **오**른손으로 **성상**을 **파괴**하라!

＊비잔티움-오스만 제국에 멸망
  머리에 **비**듬이 **잔**뜩 낀 놈이 **오수만** 즐기는 놈에게 져.

＊비잔티움-그리스 정교

머리에 **비**듬이 **잔**뜩 낀 채 **그리** 정교하게 **티**내고 다니냐?

＊성 소피아 성당-모자이크~, 비잔티움 양식

　　머리에 **비**듬이 **잔**뜩 낀 놈이 아무데서나 **소피**를 갈겨.

　　소피 마르소가 **모자**를 쓰면 더 이뻥~

　　머리에 **비**듬이 **잔**뜩 낀 놈도 **소피** 마르소에게 뿅~

＊비잔티움-그리스 고전 문화 계승~, → 르네상스 ↑

　　머리에 **비**듬이 **잔**뜩 낀 놈이 **그리 고전**하고 다녀.

　　머리에 **비**듬이 **잔**뜩 낀 느**(르)네, 상스**런 짓? (도박)

＊키예프 공국(9c)-슬라브 족 → 러시아의 기원

　　키 크고 예쁜**(예프)** 미인과 **슬라브** 집에서 살아.

　　혼잡한 **러시아**워 때 **키** 크고 **예쁜** 미인이 탔다.

　　허벌라게 구**(9)**경. ^^

＊키예프-비잔티움 문화 +그리스 정교

　　머리에 **비**듬이 **잔**뜩 낀 놈도 **키** 크고 예쁜**(예프)** 미인에게

　　뿅~

　　그리 정교하게 생긴 **키** 크고 **예쁜** 미인은 첨!

＊교회 개혁 운동-클뤼니 수도원

　　클려면 **개혁**!

＊스콜라 철학-토마스 아퀴나스(『신학대전』)
　　콜라와 **토마**토를 아귀(**아퀴**)같이 처먹어.
　　신학생이 그러면 되남?

＊기사 문학-롤랑의 노래, 아서 왕 이야기, 니벨룽겐의 노래
　　기사가 달려오니까 놀라(**롤랑**)!
　　기사가 달려와서 죽인데. **아서**!
　　기사가 **삘**나게 능(**룽**)구렁이 짓을 해.

＊로마네스크 양식-두꺼운 벽, 내부 어두움
　　스크린(영화관). **두꺼운 벽, 내부 어두움**.

＊로마네스크-피사 성당
　　피사의 사탑은 **스크린**(TV)에서 봐.

＊고딕(12c)-뾰족한 탑, 노트르담 성당(스테인드글라스)
　　시비(**12**)를 걸면 뾰족(**고딕**)한 걸로 콱!
　　노트르담의 고추(**고딕**).
　　노트르담의 꼽추는 **고딕**(바로)으로 서보는 게 원.
　　유리 **글라스**가 등에 콱! → **노트르담**의 꼽추.

＊고딕-퀼른·샤르트르 성당
　　뾰족(**고딕**)한 **샤**프펜으로 콱(**퀼**)!

＊셀주크 튀르크-예루살렘(크리스트교 성지) 점령

　　셀 수 없이 많은 **주크**박스를 틀어서

　　예수님(**크리스트**)의 설교를 방해.

　　예루살렘의 나팔소리를 잠재워.

＊교황 우르바누스 2세-십자군 파견 호소

　　우르르 몰려가서 죽여라!

＊백년 전쟁-잔 다르크 활약

　　잔다, **크**게 잔다. **백 년**간이나.

＊랭커스터가(붉은 장미), 요크셔가(흰 장미)

　　붉은 입술이 냉(**랭**)냉한 내 가슴을 녹여. ^^

　　흰 머리(긴 세월). 욕(**요크**)봤습니다!

＊백년 전쟁 → 장미 전쟁 → 튜더 왕조

　　백장미 꽃다발의 포장을 뜯어(**튜더**).

IX
전통 사회의 발전과 변모

1. 송과 몽골, 명·청 제국의 발전

＊송-카이펑(수도)

　(북에) **송**금한 자금을 칵(**카**)! **펑**! 터트릴까?

＊송-전시(황제 직접 주관) 제도

　황제가 직접? **송**구!

＊송-왕안석의 개혁

　왕이 **안**절부절, **송**구해서.

＊금(여진)-요(거란) ×

　(예쁜) **여**자는 **금**값!

　요거군요(**요거금여**).

＊금(+송)-요 ×, 화베이 차지

　금송아지가 **요**에 오줌을 싸.

　금을 가진 부자를 보면 **화**가 나고 **배**알이 꼴려.

＊남송-수도 임안(항저우)

　　(술을 마시며) **남**자가 ♪**송**~ 불러.

　　(사랑하는) **임**이 **안**주는 **항**상 대기.

＊송(지폐)-교자, 회자

　　교자상에 차린 게 별로 없어서 **송**구!

　　남의 입에 **회자** 되어서 **송**구!

＊사마광-『자치통감』

　　(**사마**귀가) 지방**자치**를 하자고 **광**적으로 주장.

＊송-나침반, 시박사 설치

　　나침반이 **송**신기 역할.

　　송장(**시체**). 의학**박사**. (**시체박사**)

＊요(거란)-발해 ×, 송과 고려 침략

　　요거 봐라! **거**, **요**사스럽네!

　　거, **발**칙한 놈!

　　♪**요들송**을 같이 불러. (친교)

　　♪**요들송**(함성)을 부르며 공격!

＊우구데이한국-차가타이한국에 흡수

　　우그(**우구**)러든 놈을 착한(**차가**) 사람이 보호.

＊서하(탕구트)

　　서쪽 **하**늘을 향해서 **탕**탕! 총 쏴.

＊몽골 문자(파스파 문자)

　　몽니를 부리며 **골**을 내고 쳐. (상처에 **파스** 붙여)

＊쿠빌라이-대도(베이징) 천도, 원

　　대도큰 도둑는 **쿠**린내 나는 (싸구리) **빌**라에 살아.

　　원, **쿠**린내(냄새) 나는 **빌**라에서 어떻게 살지?

＊쿠빌라이-남송 ✕

　　남자가 일은 않고 ♪**송**만 부르면 **쿠**린내 나는 **빌**라에~

＊원(몽골)-교초, 잡극, 라마교

　　원, 고초(**교초**)가 심하셨습니다!

　　나(**라**) **마**음대로 할래요.

　　원, 경을 칠 놈!

　　잡놈이 **몽**니를 부리며 **골**을 내

＊몽골(원)-마르코 폴로, 이븐 바투타(『여행기』) 왕래

　　몽니를 부리며 골을 내. (불안. 코가 **마르고. 폴**짝!).

　　이분 바쁘다(**이븐 바투타**). **원**래 바빠.

＊주원장(홍무제)-명 건국, 난징(금릉)

　　주인장(**주원장**), **홍무**와 **명**란젓 주삼.

　　주인장(**주원장**)이 **명**랑. (왕이 되어서)

　　주인장의 묘는 **금**으로 된 능(**릉**).

　　금으로 된 능(**릉**), **난 징**하게 좋아부러~

＊주원장-이갑제, 과거제, 육유

　　주인장(**주원장**), **이거 갑**자기 찾아와서~

　　과거에 합격, 고을 **주인장**이 되다.

　　주인장, **육**고기 주삼.

＊영락제(성조)-베이징 천도

　　수도를 옮겨? **영락**없이 누굴 닮았네.

　　성조기를 **베이징**에 꽂다. (청나라 때)

＊영락제-정화 함대 파견

　　정화가 가는 곳은 **영락**없이 **정화**(깨끗).

＊명-이자성의 난으로 멸망

　　이 자가 **성**질내면 **명**랑하지가 않아.

＊누르하치-후금 건국, 팔기군

　　누르스름한 **금**덩이, 팔거(**팔기**)요?

＊홍타이지(태종, 청), 네르친스크 조약(러시아 남하 저지)

태종대^{관광지} 갈 때 **홍타이**(넥타이) 안매. (홍색, 청색)

남하하면 너를(**네르**) 친다!

＊명·청-상품 작물 재배(양쯔_{창장} 강 하류), 외래 작물 보급

양자가 멍청(**명청**)하지 않아서 **창창**하게 발전.

외래 작물 보급? (문호 개방?) **멍청**하진 않군!

＊명·청-쌀 생산(창장 강 중·상류), 신사 등장

창창하게 발전한(**멍청**하지 않은) **중상**층은 **쌀**밥만 먹어.

신사는 **멍청**하지 않아.

＊일조편법·양명학(명), 지정은제(청)

돈 **일조**를 바치면 **명**을 살려줄게.

입신**양명**한 사람은 **명**랑해.

청소할 곳을 **지정**.

＊아담 샬-대포 제작 기술

아담한 **샬**에 **대포**를 쏜다면? 헉!

＊가마쿠라 막부 → 무로마치 막부

가마니에 **무로** 채우고 **마치** 쌀로 채운 양~

가마니에서 **쿠린**내가 나는지 물어봤지(**무로마치**).

＊도요토미 히데요시-전국 시대 통일

　　전국에 희대(**히데**)의 살인마가 많다.

＊에도 막부-산킨코타이제, 조닌 문화

　　삼킨(**산킨**) **코**딱지로 죽다. 애도(**에도**).

　　애도 기간에 놀지 마. (**닌**장!)

＊나가사키 항(에도)-네덜란드와 교역 → 난학 유행

　　네덜, **애도** 기간에 **나가**서 **난**잡하게 놀지마.

2. 서아시아 이슬람 세계의 발전

＊셀주크 튀르크-바그다드 정복

　　사람이 바글(**바그**)바글대는 곳에서 **주크**박스를 틀어.

＊셀주크 튀르크-'술탄' 칭호 획득

　　주크박스를 틀고 **술**을 **탄** 과실주를 마셔.

＊셀주크 튀르크-몽골의 침입 → 티무르에게 멸망

　　몽고간장을 **주크**박스에 확 뿌려!

　　티를 **주크**박스에 덮어버려. (소리 ×)

＊훌라구-아바스 왕조 × → 일한국

　　일본 왜구들이 **훌**렁 벗고 설쳐. (팬티만 입고)

　　훌라춤을 추자 **아바**이 동무가 뿅~

　　아바이 동무가 **일**꾼으로 전락.

＊일한국-이슬람 세계 수호

　　새벽**이슬**을 맞으며 **일**(조근). 가족들 **수호**(보호).

＊티무르-'몽골 제국 부흥'

　　무릎(**무르**)에 **몽고**반점. (**후손**)

　　몽고반점을 가리려고 **티**를 **무릎**까지 ↓.

＊티무르 왕조-일한국·차가타이한국 ×

　　티눈이 무릎(**무르**)까지 번져서 **일**을 못해.

　　티눈이 **무릎**까지 번져서 착한(**차가**) 아이가 죽다.

＊티무르-중앙아시아~, 사마르칸트

　　티눈이 **무릎**에서 **중앙**(배)으로 번져.

　　사마귀가 **티**눈을 갉아먹어.

＊사파비 왕조(이란)-시아파, 페르시아 전통 회복

　　사파이어 반지 도난. **이거** 난(**란**)리 났군!

　　시아버지가 **사파**이어 반지를 선물. (결혼)

♪페르샤 왕자의 **사파**이어 반지를 자랑스럽게 여겨.

＊아바스 1세(사파비)-이스파한 천도, 비단 산업(양탄자)
　　아바이 동무가 **사파**이어 반지를 좋아해.
　　이 스파이가 **사파**이어 반지를 슬쩍.
　　비단(양탄자)이 **사파**이어 반지처럼 비싸.

＊오스만 족-셀주크 튀르크에서 독립
　　오수만 즐길 때 **셀** 수 없이 많은 **주크**박스 소리에~

＊오스만 제국-술탄·칼리프 제도 성립
　　오수만 즐긴 후 **술**을 **탄** 과실주를 마셔.

＊술레이만 1세(오스만)-발칸 반도 ↑, 헝가리 ×
　　술래(**술레**)가 문을 발칵(**발칸**) 열며 찾아다녀.
　　술래잡기는 **이만**하고 **오수**를 즐기려 갈텨.
　　헝그리를 해결하려 갈텨.

＊술레이만 1세-지중해 해상권 장악
　　술래가 **지**구의 **중**심까지 찾아다녀.

＊그랜드 바자르(이스탄불)
　　바자회에서 돈을 다 써? **이**거 **탄**식할 일!

*오스만-레판도 해전 패배

    오수만 즐길 때 네 판돈(**레판토**)을 슬쩍. (노름방)

*오스만-관용 정책(밀레트 허용)

    오수가 **밀려**온다. 잘 테니 가서 놀아. (**관용**)

*오스만-예니체리(술탄 친위 부대)

    오수만 즐길 때 애(**예**)가 **니 체리**를 슬쩍.

    애가 **니 체리**를 슬쩍, **술**에 **탄** 과실주에 넣었어.

*술탄 아흐메트 사원-오스만, 비잔티움 양식

    술에 **탄** 과실주를 마셨더니,

    아흐~ 졸려! **오수**가 밀려와.

    머리에 **비**듬이 **잔**뜩. **아흐**~ 간지러워!

3. 인도와 동남아시아 세계의 발전

*바부르-티무르 후손

    티눈이 무릎(**무르**)까지 ↑ (고통) 바보(**바부르**)가 되다.

*바부르-델리 술탄 왕조 ×, 무굴 제국 건국

    바보가 달리(**델리**) 할 수 있는 건 **술**에 **탄** 과실주를 퍼마시는 것.

바보(**바부르**)가 무릎을 꿇(**굴**)다.

＊아크바르-아프가니스탄까지 영토 ↑

악을 **바**락바락 쓰면 **아프**당~ (화병)

＊아크바르-관용 정책(인두세 폐지)

악바리가 **관용**을? 헐~

악바리라고 놀려도 뜨거운 **인두**로 안 지져?

＊아우랑제브-데칸 ×

아우랑 제부(**제브**)가 덜컥(**데칸**) 사고?

＊아우랑제브-이슬람 정통주의, 인두세(지즈야) 부활

아우랑 제부가 밤**이슬**을 맞으며 걸어? 헉!

아우랑 제부가 어떻고 저떻고…

마음대로 짖어야(**지즈야**)!

뜨거운 **인두**로 확 지져(**지즈**) 불라!

＊아우랑제브-힌두교·시크교 탄압

아우랑 제부 때문에 흰(**힌**) 수건을 쓴 엄마가 속이 타.

아우랑 제부가 어떻고 저떻고…

시끌(**시크**)어!

＊시크교-카스트제 부정

카스트제를 없앨까요? 시끌(**시크**)어!

＊무굴 제국-면직물 수출

무릎을 꿇(**굴**)을 때 아프지 않게 **면직물**에 대고.

＊포르투갈-고아(무역 근거지)

포로(**포르**)로 끌려가면 자식들은 **고아**.

＊무굴-우르두 어(힌두 어+페르시아 어+아랍 어)

우르르 몰려와서 **무**릎을 꿇(**굴**)다.

여럿이 **우르**르 몰려와.

＊타지마할-힌두+이슬람 양식

이슬이 맺힌 풀잎에 **타지** 마. (옷 젖어)

＊무굴미술-페르시아풍 세밀화+힌두 양식

패를(**페르**) **세밀**하게 봐. (화투패)

무릎을 꿇(**굴**)을 건가 싸울 건가.

＊쩐 왕조(베트남)-몽골 침략 ×

베트콩들이 **쩐**(돈)을 노려.

몽니를 부리고 **골**내? **쩐**(돈)을 줘서 보내.

쩐(돈)으로 **몽고**간장을 싹쓸이!

＊쩐 왕조(13c)-『대월사기』, 쯔놈 문자
쩐(돈)을 투자하면 **대월**이자가 높다고 **사기** 친다.
저 놈(**쯔놈**)이 **쩐**(돈)을 노려.
불길한 **13**일, **쩐**(돈)을 날릴까 봐~

＊레 왕조(베트남)-명 격퇴, 참파 왕조(베트남) ×
네(**레**)들 **명**령은 안 들어!
네들, **베트콩**들이 **참**호를 **파**놓은 거 봤니?

＊레 왕조(과거제, 공자 사당) → 응우옌베트남 왕조
네들, **과거**시험 볼래?
네들, **공자**님 말씀을 잘 들어.
베트콩들은 **응**가를 우에(**우옌**) 할까?
땅굴을 파서 하지.

＊떵구 왕조-포르투갈 함대 격파
포로(**포르**)들이 **떵**명스럽게 말해.

＊떵구 → 꼰바웅 왕조(18c)
떵명스럽게 구니 **꼰**ㄷ가 화를 내.
꼰ㄷ가 일을 빨(**18**)리 안 한다고~

＊태국-수코타이 → 아유타야 → 짜그리

수고(**수코**), **타이**스코어 이루느라.

아유~ 부끄부끄.

싸그리(**짜그리**) 물리치고 **타이**스코어!

＊믈라카(말레이시아)-이슬람교로 개종

이슬만 먹고 살더니 몰라(**믈라**)보게 **말**랐다.

4. 유럽 세계의 성장

＊르네상스-이탈리아(14c~)

느네(**르네**) **상스**런 짓? **이**거 **탈**났군!

14천리로 **느네 상스**런 짓?

＊페트라르카-서정시

패(**페**)고 **트라**블을 일으키면 **서정**미 zero.

＊보카치오-『데카메론』

보드카(**보카**)를 마실 땐 대컥(**데카**) 멜론(**메론**)을 먹어.

(술안주)

＊알프스 이북-에라스뮈스(『우신예찬』)

이랴(에라)~ 소(우)몰이가 즐거워!
(골치 아픈데) **에라, 알프스** 설원이나 갔다 오자.

＊토마스 모어-『유토피아』
유모어를 즐기면 **유토피아**에 가.
뭐(**모어**)? **유토피아**가 있다고?

＊지동설-코페르니쿠스, 갈릴레이
지구가 둥(**동**)글다고 했다가 코피(**코페**)를 봤다.
지구가 **둥**글다는 건 **갈릴** 수 없는 사실.

＊루터-면벌부 판매 비판(95개조 반박문)
누(**루**)가 **터**무니없이 **면벌부**를 팔아?
누(**루**)가 **터**무니없이 이런 걸 구(**9**)경 오(**5**)라고 해?

＊아우크스부르크 화의-루터파 승인
아우가 **크**겠네, **아우**가 큰일 했어! **와우**~

＊칼뱅-예정설
칼 든 비렁**뱅**이가 될 거라고 누가 **예정**했겠어?

＊교황-헨리 8세 이혼 ×
핸(헨)섬한 **8**등신 미녀를 보고 뿅~ (**이혼** 결심)

* 30년 전쟁 → 베스트팔렌 조약

30년간 **베스트**셀러로 팔린(**팔렌**) 책.

* 디아스-희망봉 도착

디아스타제(식량)가 있어서 **희망**이 있다!

(표류)

* 콜럼버스-에스파냐의 지원, 대서양 횡단

버스에 스파냐(**에스파냐**)가 있다.

콜럼버스의 달걀, **대서**특필!

* 바스쿠 다 가마-희망봉 → 인도에 도착

거기까지 **다 가**면 **희망**이 있다!

길을 **인도**. 거기까지 **다 가마**.

* 마젤란-최초로 세계 일주

마구 달려서 **젤** 먼저 **세계 일주**.

* 아스테카 문명-멕시코

먹(**멕**)살 잡고 **시비**. **코**가 **아스**라져.

* 잉카 문명-안데스 고원

잉잉 짜면 **안 데**리고 가.

*절대 왕정-왕권신수설, 중상주의 정책

왕은 **절대 신수**가 훤해야. (위엄)

절대 중상을 당하면 안 돼!

*펠리페 2세(에스파냐)-무적함대

빨리(**펠리**) 패(**페**)! **스파나**로 후려쳐! → 강자(**무적**)!

*엘리자베스 1세-무적함대 ×, 동인도 회사 ○

베스트 원(**1**)과 **무적**이 싸우면?

회사 설립 축하연. ♪**엘리자**를 위하여~ 연주.

*루이 14세-베르사유 궁전(바로크)

누이(**루이**)가 **14**후퇴 때 뵐(**베르**) 여**유**도 없이 **바로** 가.

*표트르 대제(러시아)-서구화 정책

서구처럼 **표**(특별) 나게 살자!

혼잡한 **러시아**워. 밀착. 옷의 **표**상표가 뜯(**트**)어져.

*프리드리히 2세(프로이센)-슐레지엔 확보, 상수시 궁전

프로인 **이**분은 **센** 분, **프리**로 뛴다.

절대 술래(**슐레**)를 안 해.

자유롭게(**프리**) **드리**리다.

상(음식)을 **수시**로 바꿔서.

＊마리아 테레지아(오스트리아)-교육 제도 개선

오수(**오스**)를 **트리**(세) 시간이나 즐기느라 **테레**비전을 못
봤어.

테레비전. EBS **교육**방송.

＊계몽사상(18c)-프랑스

일을 빨(**18**)리해서 **프랑**(돈)을 벌어라. (**계몽**)

＊루소-『사회 계약론』

서로(**루소**) **계약**하다.

＊바로크 양식(17c)

보잉 777 비행기를 타고 **바로** 갔다.

바로(빨리) **크**게 된 건 행운(**7**)!

＊로코코 양식(18c)

낭랑 **18**세 때 **코**에 신경을 써.

＊고전 음악 ↑-모차르트, 베토벤

모자(**모차**)라서 **고전**.

배(**베**) 아프고 **토**해. (**고전**)

중등 역사

2

근대 국가 수립 운동과 국권 수호 운동

1. 외세의 침략적 접근과 개항

＊러시아-연해주 차지, 조선과 국경 맞닿음

　　혼잡한 **러시아**워. 몸이 **맞닿음**(연애, **연해**).

＊대원군-비변사 ×(의정부·삼군부 ↑)

　　대원ㄱ, 팽 당한 후 **비**참하게 **변사**체로?

　　대원군은 **의**로운 **정부**를 꿈꿨다. (처음에)

　　삼군사관학교, **대원군** 지지.

＊대원군-『대전회통』, 『육전조례』

　　대원군이 **대전**에서 호통(**회통**). 이시키들!

　　나중(**고종**)에 추억을 **회상**.

　　대원군이 육모방망이로 **전부 조**진다.

　　조회(**조례**)시간에.

＊대원군-사창제 실시(환곡 개혁)

　　대원ㄱ, 떨거지 시절에 **사창가** 배회?

사람 참 **환**장하겠네!

＊대원군-양전·호포제 실시
　(숨죽이고) 얌전(**양전**)이 있던 **대원군**, **호**~ 포부를 펴!

＊대원군-원납전 강제 징수, 당백전(당오전 ×)
　원해서 **납**부한 게 아냐, 샹!
　백발노인 **대원군**.

＊병인양요-한성근(문수산성)
　문수보살이 **병**을 치료.
　병을 치료하러 **한성**(서울)에 가. (대형병원)
　문성근. (연예인)

＊병인양요(프랑스)-양헌수(정족산성)
　병자가 **양**의 **족**발을 먹어. (영양식)
　프랑(돈)으로 **양**의 **족**발을 사.

＊병인양요-외규장각 도서 약탈
　왜(**외**) 규수가 **병**자에게 장가(**장각**)를 가?

＊오페르트(독일인)
　독하게 **오**래된 **폐**병.

＊제너럴 셔먼호 사건-대동강(평양), 박규수가 격퇴

　제기럴(**제너럴**), **대동강(평양)**을 가볼 수가 있나!

　제기럴, 얌전한 **규수**한테 당했당~

＊신미양요(← 제너럴 셔먼호 사건)

　제기럴, 미안하다면 다야!

＊신미양요-초지진, 어재연(광성보), 수자기

　신이 **지진**을 일으켜.

　어제(**어재**) **연**락을 안 했다고 **광**분!

　어제는 **신**들이 **미**안. (**광신**도)

　신들이 **미**안, **수자기**를 뺏겨서.

＊신미양요 → 척화비 건립

　척하는 애는 **미**워 죽겠어!

＊메이지 유신 이후 정한론 등장

　작은 섬에 **매이지** 말고 **한**반도를 치자!

＊김홍집-『조선책략』 소개

　흠집(**홍집**)을 내려고 **책략**을 부려.

＊조·미 수호 통상 조약(←『조선책략』 유포 등)-최혜국 대우

조미료를 치고는 순수한 맛이라고 **책략**을 부려. (속어)

(맛있게) **조미**료를 쳐야 **최**고로 **대우**받아.

＊영선사-청, 기기창

청색이 **영**~ **선**명.

영사기에서 **기기**묘묘한 장면이~

＊병인양요 때-통상 반대(이항로, 기정진)

병은 **통상**적으로 생겨.

이 항로에 **병**이 생겨. (배 침몰)

병이 생겨서 **기**가 정지(**정진**).

＊개항 반대-최익현(왜양일체론)

개고기는 **익**혀서 먹는 게 **현**명.

일체 익혀서 먹어.

＊이만손-『조선책략』 유포 반대

이만한 **손**(큰손)이라고 **책략**을 부려. (뻥 튀겨)

＊임오군란 → 조·청 상민 수륙 무역 장정 → 제물포 조약 →
박영효(태극기)

임이 **오**실 때 맛있는 **조청**을 가지고 **수륙**양용차를 타고 와.

임이 **오**실 때 **제**일 좋은 **물건**(**재물**)을 가지고 와.

임독립군이 **오**실 때 **영**원히 휘(**효**)날릴 **태극기**를 가지고 와.

2. 근대적 개혁의 추진

＊온건 개화파(← 양무운동)-김윤식, 김홍집, 어윤중
　온건해야 양무(서양 무)라도 하나 더 얻어먹어.
　온건해야 윤기 나는 **식사**(쌀밥)를 해.
　온건하면 **흠집**이 생기지 않아. (싸움 안함)
　어리숙하면 **온건**?

＊급진 개화파(← 메이지 유신)
　체면에 **매이지** 않고 **급**하게!

＊임오군란 → 갑신정변
　(사랑하는) **임**이 **오**시니 **갑**자기 **신**나!

＊갑신정변(← 청·프 전쟁 등)
　(강도가) **청**테프로 입을 봉하자 **갑**자기 **신**들린 사람처럼
　덜덜~

＊갑신정변 14개조 정강-대원군 귀국
　(적이) **1·4후퇴**하니 **갑**자기 **신**나!

대원군, 갑자기 신나!

＊갑신정변-조공 폐지

　　조공 폐지 (기분 짱!) **갑자기 신나!**

＊갑신정변-재정 일원화(호조)

　　호조의 컨디션, **갑자기 신나!**

＊갑신정변-한성·톈진 조약

　　한성서울 구경 가자. 앗싸! **갑자기 신나!**

　　갑자기 신나서 댄(**톈**)스해.

＊거문도 사건(← 러시아 남하 정책)

　　혼잡한 **러시아**워 때 검은(**거문**) 마음을 갖지 마! (치한)

＊중립국 주장-유길준, 부들러(독일)

　　부들부들 떨지 말고 **중립국** 선언을!

　　중립국이 되면 **유**(당신), **길**이 편해.

　　독종에게 **부들**부들 떨 필요가 없어.

＊보은 집회-탐관오리 처벌 → 정치적

　　탐관오리가 **보은**하라며 돈을 요구. (급행료)

　　정치인들, **보은** 속리산에서 워크숍.

정치인들, 유권자들에게 **보은**을 할까?

＊고부 농민 봉기(← 조병갑 횡포) → 무장 봉기 → 황토현 전투

　고ㅂ간 싸울 때 막말. "**병**신 육**갑**하고 있네!"

　고부간에 **무장**을 하고 싸워.

　황토방을 차지하려고. 헐~

＊무장 봉기-전봉준, 김개남

　개 같은 **남**자가 **무장**을 하고 **전투**.

＊전주 화약 → 집강소 설치

　집에 있는 **강력**한 **소**화탄으로 **전주**비빔밥을 만들어.

＊공주 우금치 전투-전봉준 체포

　공주가 피로에 지쳐서 파김치(**우금치**). (**패배**, 탄핵)

　시금치(**우금치**)로 **전**을 붙여.

＊갑오개혁-교정청 ×, 군국기무처 ○

　(형사가) **갑**자기 **오**더니 **교정청**교도소으로 끌고 가. (급습)

　갑옷(**갑오**)을 입은 **군**인.

＊갑오개혁(1차)-과거제 ×, 8아문으로~

　갑자기 **오**더니 **과거**를 못 보게 해. (시험지 유출?)

갑자기 **오**더니 팔(8) **아문** 곳을 눌러. 아얏!

*갑오개혁(1차)-은 본위 화폐제, 조세 금납제
  갑옷(**갑오**)이 **은**색, 금색.

*갑오개혁-도량형 통일
  (무거운) **갑옷**을 **도량형**에 달아봐. (몇 관?)

*갑오개혁-과부 재가 허용, 조혼 금지
  갑자기 **오**라니? 조혼(**조혼**) 일 있는겨?
  갑자기 **오**더니 하는 말이 **재가**하래. (떵까떵!)

*홍범 14조(2차)-김홍집 + 박영효
  (용감한) **홍범**도는 흠집(**홍집**)이 없어. (칭찬)
  홍범도가 싸우면 **영**~ **효**과 만점!

*2차 개혁-재판소 설치
  재판은 둘(**2**)이서 싸우는 것.

*홍범 14조(2차)-교육입국 조서 발표
  (가방끈 짧은) **홍범도**는 **교육**을 받은 적이 없어.

*삼국 간섭(러시아, 프랑스, 독일)-일, 랴오둥 반환

독프러, 독 푼다. **간섭!**

간섭을 하니 나(**랴**), 떨어지는 오동(**오둥**)잎 신세.

＊을미개혁(3차, 김홍집)-종두법

마마(**종두**)에 걸리면 **미**워져. (을매**을미**나?)

마마에 걸리면 흠집(**홍집**)이 생겨.

＊을미개혁(김홍집)-단발령

단발(머리를 확 치면)을 하면 **미**워져.

단발을 하면 흠집(**홍집**)이 보여. (땜통)

＊을미개혁(김홍도)-우편 사무, 태양력

미국으로 **우편**물 발송.

미국은 **태양력** 사용.

태양력을 사용하면 을매(**을미**)나 좋아?

태양을 (쳐다보면) 흠집(**홍집**)이 생겨.

＊을미개혁(김홍집)-소학교

소학생들의 해맑은 **미**소.

소학생들은 **흠집**(잘못)이 없어. (착해)

＊만민 공동회-러시아의 절영도 조차 요구 ×

혼잡한 **러시아**워 때 **절 영도**로 보내지 마삼.

만민에게 시달려요.

＊관민 공동회(독립 협회)-헌의 6조
　관헌들이 돈 **6조**를 걸어.
　독가루를 마시면 **헌** 몸이 돼.

＊갑오개혁(개국 기원), 을미개혁(건양), 대한 제국(광무)
　갑옷(**갑오**)을 입은 군인이 **개국**. (이성계)
　건방진 **양**이들은 **미**워. (**을매**나?)
　대한민국은 **광복**을 기해서 탄생.

＊아관파천(러시아) 이후 고종, 경운궁(덕수궁) 환궁
　혼잡한 **러시아**워? **아, 관둬**(시러~)!
　혼잡한 **러시아**워 때 **경운**기를 타고 가.
　덕수궁 돌담길에서 **경운**기를 타고 데이트.

＊광무개혁-구본신참, 지계 발급
　구본무 회장, **광**활한 **무**밭을 개간.
　광활한 **무**밭에 지게(**지계**)차 투입.

＊광무개혁-원수부 ○, 시위대·진위대 ↑
　원수가 **광**활한 **무**밭을 시찰.
　광활한 **무**밭(광장)에서 **시위** (정책의) **진위**를 밝혀.

광활한 **무**밭을 **시진**핑중국도 견학.

* 광무개혁-유학생 파견, 학교 ○
  유학생들이 **광활**한 **무**밭을 견학.
  광활한 **무**밭(공터)에 **학교 설립**.

3. 새로운 문물의 수용과 사회·문화의 변화

* 광혜원(제중원)
  제일 중요한 건 **광**을 많이 들어야. (화투놀이)

* 원산 학사(함경도), 동문학(외국어 교육)
  '**원산폭격**' 받은 거 함구! (창피하니까)
  독문학(**동문학**). **외국어**.

* 제국신문-순 한글, 서민층·부녀자 대상
  순 한글만 사용해서 재(**제**)밌다. **서민**들이 열광!

* 황성신문-보안회 지원, 시일야방성대곡(을사늑약)
  황성 옛터 개발 건, 절대 **보안**!
  황성 옛터(**장지**)에서 대성통곡(**방성대곡**).
  (가족들이) **방성대곡** → 얼싸(**을사**)! 얼싸! 시위.

(임금 올리도~)

＊대한매일신보-베델, 양기탁, 국채 보상 운동 홍보, 의병운
  동에 호의적

  배설(**베델**)은 **매일** 해.

  매일 양기가 좋다. ^^

  빚을 갚느라 **매일 신**음을 해요.

  의병들이 **매일 신**음을 해요.

＊주시경-『국어문법』, '한글'

  문법을 **주시**해서(잘 보고) 교정.

  법과 **경**의 공통점은 불교 용어.

  한글이란 좋은 이름을 **주시**었다.

＊신채호-『독사신론』, 『을지문덕전』, 『월남 망국사』

  독사가 **신**발을 물어.

  신, **을지문덕** 아뢰오!

  신하들의 잘못으로 **월남**이 **망**.

＊천도교-손병희, 만세보

  손병에는 **천도**복숭아가 직빵!

  손에 **천도** 화상.

  하늘에서 열리는 **천도**복숭아를 구했다. **만세**!

＊단군교(대종교)-나철, 간도·연해주

　나 철나기 전에 **단군**이 계셨다.

　대종교(교회)에 **연애**하러 간다(**간도**).

＊박은식-『유교 구신론』

　귀신(**구신**)이 나와? 식은(**은식**)땀 줄줄.

　유식하고 **박식**해.

＊한용운-『조선 불교 유신론』

　한 많은 **유신**체제. (정권 몰락)

4. 일제의 국권 침탈과 국권 수호 운동

＊제1차 영·일 동맹 → 러·일 전쟁

　♪**영일**만 친구가 너(**러**) **일**렀어. (고자질)

＊한·일 의정서-군사 기지 확보

　의정부를 **군사 기지**로 사용.

＊제1차 한·일 협약-고문 정치

　처음(**1**)부터 **고문**하기 시작.

＊가쓰라·태프트 밀약-필리핀에서~

필로폰 없으면 **가스 태**워서 마셔. (본드 흡입)

＊포츠머스 조약(← 러·일 전쟁)-일, 조선 지배권 ○

너(**러**) **포즈**가 멋있어!

조선이 포로가 되다

＊을사늑약(제2차)-외교권 박탈, 통감 정치

외교는 둘(**2**)이서 하는 것.

원통(**을통**)하도다!

이(**2**)놈이 **통**~ **감**을 못 잡고~

＊자결-민영환, 조병세

영환도사는 귀신, 죽음(**자결**).

저(**조**) **병**으로 **세**상을 떠.

＊장지연(을사늑약)-시일야방성대곡

장지에서 대**성통곡**.

얼싸(**을사**)! 얼싸! 시위하다가 死. **장지**에 ↓.

＊을사늑약 → 헤이그 특사 파견 → 고종 강퇴

얼싸(**을사**)! 얼싸! 시위하는 너 **헤이**, 꺼져!

＊한·일 신협약(정미 7조약)-차관 정치

　　새로(**신**) **차관**을 들여와. (**정차**장)

＊기유각서-사법권 박탈

　　유치장. **사법**.

＊한·일 병합 조약(통감 데라우치), 일진회(이용구)

　　합방(**병합**)을 할 여자를 **데려오**라우!

　　일본이 **진격**할 때 **이용**당한 **이용구**.

＊안용복-독도 수호

　　독도는 **용**왕님이 **복**을 내려주신 곳.

＊러·일 전쟁 중-독도를 시마네 현에 편입 → 다케시마의 날

　　너(**러**) **일본** 놈들아, 너무 **시마네**. **독도**는 우리 땅!

　　다 깨뜨리고 **시마**이(끝) 할까? 샹!

＊숙종-백두산 정계비 ○

　　숙성한(유명인) 사람이 **정계**에 투신.

＊토문강 해석-조선(쑹화강 상류)

　　송화가루소나무는 **조선**(우리 민족)의 상징.

＊간도를 함경도로 편입 → 이범윤(간도 관리사)

간도 크다! **함**부로 덤볐어?

간도 크다! **범**을 잡겠다고?

＊을미의병(← 명성 황후 시해, 단발령)

명성 황후가 을매(**을미**)나 **미**워서?

단발(머리를 확 치면)을 하면 **을매**나 미워질까?

＊을미의병-이소응, 유인석, 고종의 해산 권고

이 소갈머리 없는 놈이 을매(**을미**)나 **미**운 짓을 하는지~

인석아, **을매**나 미운 짓을 할래?

왕이 **을매**나 미웠으면 **해산**하라고?

＊을사의병-민종식, 최익현, 신돌석(평민 출신)

얼싸(**을사**)! 얼싸! **민**들이 **종**일 **식**식대며 시위.

얼싸! 얼싸! **익**숙하게 연호. (**현**찰 올리도~)

사흘(**을사**)을 굶으니 **익**히지도 않고 먹어.

(**돌**멩이를 던지며) **얼싸**! 얼싸!

돌쇠. **돌석**이. **평민** 이름.

＊정미의병(← 고종 강퇴, 군대 해산)

고ㅈ이 **정미소** 일꾼으로 전락. 뿔났다!

해산된 **군**인들이 **정미소**를 털다?

＊정미의병-의병 전쟁으로 발전, 각계각층
  정미소에 쌀(군량미)이 많다. 싸우자!
  각지에서 온 **정미**소 일꾼들.

＊정미의병-13도 창의군(서울 진공 작전, 이인영)
  인형(**인영**)을 가지고 놀면 **창의**력이 ↑.
  불길한 **13**일, **진공**청소기에 빨려 들어가.

＊나철·오기호-자신회
  나, **철**인! **자신**이 있어.
  오기가 대단, **자신**감 충만!

＊이재명-이완용에게 부상을~
  부상. 몸 **이완**. 이제 명(**이재명**)대로 못 살걸.

＊장인환-스티븐스 사살
  장인이 만든 스팀(**스티**).

＊보안회-일본의 황무지 개간권 요구 철회
  황무지 개간 건, 절대 **보안**!

＊대한 자강회-교육과 산업을~, 고종 강퇴 반대
  자기가 **강**하면(부자면) **교육**비를 내줘.

자기(고종)가 **강**한데 왜 물러나?

＊신민회-공화정, 오산·대성 학교(안창호)
　　신민당, **공화**당.
　　신민당 **오산**. (총선 ×)
　　신민당 **대성**. (총선 ○)
　　대성하면 **안 창**피해(창피하지 않아).

＊신민회-자기 회사, 태극 서관
　　신민당 사무실에 도**자기** 한 점.
　　신민당 사무실에 **태극**기.

＊신민회-삼원보(독립운동 기지), 신흥 강습소
　　신민당에 3원(**삼원**) 후원.
　　겨우 **삼원** 가지고 **기지**를 **건설**? 아~
　　신민당 선거공약, **신흥 강습소** 설치.

＊신민회-105인 사건으로 해체
　　신민당 의원은 **105**명.

＊국채 보상 운동(대구)-서상돈, 통감부의 탄압
　　대구빨 들이대며 시위. (**보상**하라!)
　　서로 **상**의해서 **돈**(**보상**금)을 내.
　　통~ **보상**을 안 해줘.

1. 3·1 운동과 대한민국 임시 정부

*독립 의군부-고종의 밀명, 임병찬, 복벽주의, 국권 반환 요구

　의로운 **군부**(고종)가 계시니 **국권**을 **반환**해!

　의로운 **군부**, 사랑하는 **임**(고종)이 **병**들다.

　복수(배)에 물이 차서.

*대한 광복회-군자금 확보, 박상진

　대한이 **광복**이 되면 **군자금**은 필요가 없어.

　대한이 **광복** 후 사회는 진상(**상진**). (혼란)

*북간도-서전서숙, 명동 학교, 중광단

　(정치인들이) **서**로서로 **북**에 **간다**고.

　명동신사가 **북**에 **간다**.

　중이 **광**내고 **북**에 **간다**. (특사)

*만주-삼원보서간도(이회영), 신흥 강습소

　만두(**만주**)가 3원(**삼원**).

삼원밖에 없어서 **서서 간다.** (입석)

이 회사 영업이익이 삼원.

강습소에서 **만두** 빚는 법을 배워.

＊연해주-신한촌(블라디보스토크), 권업회

연애(**연해**)할 때 불나(**블라**)게 키스. ^^

연애결혼, **신한촌**에 보금자리.

연애할 때 **권**한다, **업**을. (놈팽이 하고는 결혼 ×)

＊연해주-대한 광복군 정부

(끗발 쎈) **광복군 정부**요인과 연애(**연해**)하고 싶어.

＊신한 청년단(상하이)-여운형

신한은행에 **여유** 있는 **운영**자금을 예치.

청년(젊은이)들이 ♪**상하이** 트위스트 추면서~

＊신한 청년단-김규식(← 파리 강화 회의)

신한은행에서 돈을 찾아 **파리** 여행.

(유행의 도시) **파리**에 구식(**규식**) 제품은 없다.

＊대한인 국민회-안창호

대한 국민들은 **안 창**피해(창피하지 않아). (자부심!)

*5·4 운동-중국 베이징의 학생들이~

　오사(**54**)할 놈아, 배(**베**)워라!

*연해주-대한 국민 의회

　(똑똑한) **국민 의회** 의원과 연애(**연해**)하고 싶어.

*위임 통치 청원서-이승만

　위임 통치라니? 너 **이승**에서 사라지고 싶어? 샹!

2. 다양한 민족 운동의 전개

*물산 장려 운동-평양(조만식)

　(예부터) **물** 좋고 **산** 좋은 **평양**.

　만두로 **식**사하고 **물**을 마셔.

*민립 대학 설립 운동-이상재

　대학 나와야 **이상**적인 **재**목으로 ↑.

*6·10 만세 운동(← 순종 승하)

　육(**6**)**순**. 60년 살다.

*신간회-비타협적 민족주의계+사회주의계, 기회주의 배격

(나쁜) **사회주의**_{공산주의}는 간신(**신간**)?

간신(**신간**)들은 **기회**만 엿보고 **비타협적.**

＊신간회-노동 쟁의, 광주 학생 항일 운동, 근우회 ○

노동자들에게 **신간**서적을 사줘. (의식개혁)

광주 학생들에게 **신간**서적을 사줘.

신간서적을 많이 보면 **근면**해져.

＊봉오동 전투-홍범도(대한 독립군)

저 봉우(**봉오**)리에서 **범**이 나와. (혼자 가지 마삼)

높은 봉우(**봉오**)리에 올라가서, "**대한독립**만세!"

범도(호랑이도) "**대한독립**만세!" 불러? 헐~

＊청산리 대첩-김좌진(북로 군정서군)

좌익(간첩)이 **청산**가리로 살해.

북청 물장수.

＊청산리 대첩-독립 전쟁 사상 가장 빛나는 성과

청사(**청산**)에 길이 빛날 전투!

＊청산리 대첩 → 간도 참변 → 자유시(러시아 연해주) 참변

청산가리로 자살? **간도** 크다!

(범행?) **간도** 크다! **자유**를 구속받고 싶어서.

혼잡한 **러시아**워 (몸이) **자유**롭지 못해. (**자유연애**)

*자유시 참변-독립군 무장해제
   무장해제하면 몸이 **자유**.

*3부-참의부, 정의부, 신민부
   참 정신!

*3부 통합 운동 → 혁신 의회(북만주), 국민부(남만주)
   국민들은 **혁신**적인 방법으로 **통합**을 원해. (야3당 통합)
   북한에서 **만두**(특식) 먹는 날은 **혁**명 기념일.
   남한 **국민**들은 행복!

*의열단-지린 성(김원봉)
   지린내가 나, 완봉(**원봉**)승을 못해. **의~ 열나**!
   원동기(모터)에서 **열**이 나.

*박재혁(의열단)-부산 경찰서
   (**부산**하게 움직여서) 재(**재**)만 **혁**혁한 전과!
   부산물을 받아.
   재(**재**)만 **혁**혁한 전과! 난? **의~ 열나**!

*김익상(의열단)-조선 총독부

익크, **총**상을 입었다. **의~ 열**나!

＊김상옥(의열단)-종로 경찰서
  경찰서 옥상(**상옥**). **경찰서 옥**에 구금. **의~ 열**나!
  옥상(**상옥**)에서 **열**이 나. (햇볕)

＊김지섭(의열단)-일본 왕궁
  지엄한 **왕궁**.
  지가 **섭**해요. **의~ 열**나!

＊나석주(의열단)-동양 척식 주식회사
  주식 값이 ↓. **의~ 열**나!

3. 1930년대 이후의 민족 운동

＊브나로드 운동-동아일보
  동아마라톤 대회. 불나(**브나**)게 **로드**(길)를 달려.

＊한인 애국단-김구
  애국의 일념으로 살다간 **김구**.
  구린내 나는 사람은 **애국**자가 아냐.

＊이봉창-일왕이 탄 마차에 폭탄을~

　　마차의 **봉창**(창문)을 열고~

＊윤봉길-싱하이 홍커우 공원 → 높이 평가(중국 국민당장제스)

　　공원, 공원**길**.

　　길(**공원**)에서 ♪**상하이** 트위스트~ 춰.

　　국민사람들이 구경.

　　제스처를 써가며 칭찬.

　　높이 평가했으면 **봉**급도 **길**게많이 올려줘.

＊조선 혁명군-양세봉, 영릉가·흥경성 전투

　　혁명군에게 **세**뇌되다.

　　영~ 흥이 안날 때 **양세**ㅎ이 **혁**대를 풀어. (뭘 보여주남?)

＊한국 독립군-지청천, 쌍성보·대전자령 전투

　　독한 놈이 **지**랄하며 **쌍**소리.

　　독립군이 **지랄**? **청천**벽력!

　　대전에서 **독립**.

＊민족 혁명당-조선 의용대 창설

　　이용대(**의용대**) 선수는 우리 **민족**에게 **혁**혁한 전과를 선사.

＊조선 독립 동맹-김두봉, 조선 의용군 조직

강한 두목(**두봉**)과 **동맹**을 맺어야!

(약한) **군**바리들은 강한 **두목**과 **동맹**을 맺어야!

＊조선 의용대-김원봉, 중국 국민당과 연합

국민들은 이용대(**의용대**) 선수가 완봉(**원봉**)승 거두길 원해.

대장되기를 **원**해. (**봉**달이도?)

대단한 **국민**성!

＊조선 의용군(옌안)-중국 공산당과 연합

(힘없는) **군**바리들, 얜 안(**옌안**)되겠다!

북한 **공산**군에 포로가 된 **군**바리들. (6·25 때)

＊충칭 정착-한국광복군 창설

한국이 **광복**이 되니 앓던 충치(**충칭**)가 빠진 느낌!

＊한국광복군(지청천)-조선 의용대 일부 통합

광복이다! ♪지화자 좋고~

광복은 (쪽발이들에겐) **청천**벽력!

이용대(**의용대**)선수, **광복**절 행사에 참석.

＊한국광복군-미얀마 전선~, 국내 진공 작전 계획(OSS와~)

(쪽발이들이) **광복**이 되자, "미안(**미얀**)!"

광복이 되니 온 천지가 오(O), 삼삼(SS)! (새롭게 보여)

* 삼균주의(조소앙)

균이 많으면(**삼균**) **조소**를 받아.

* 조선 독립 동맹(옌안)

동맹을 맺기엔 앤, 안(**옌안**) 되겠다! (내가 손해)

* 조선 건국 동맹-여운형

건국을 할 때 **여**유 있는 운영(**운형**)자금이 필요.

4. 민족 문화 수호 운동의 전개

* 조선어 연구회-가갸날 제정

연구대상인 나를 가가(**가갸**) 갈군다고?

* 조선어 학회-한글 맞춤법 통일안·표준어 제정

맞춤법(**표준어**) 사용, **어학**실력이 ↑

* 조선어 학회-『우리말 큰사전』 편찬 시도

학회 교수들은 **큰**(훌륭한) 사람.

* 신채호-『조선상고사』

조선에 **상고**가 있었나? **신기**!

상고에 다녀서 **신**나!

* 박은식-『한국통사』, 혼

　통증. 식은(**은식**)땀 줄줄. (**박통**)

　혼은 살아있다. (갯벌은 살아있다)

　혼백이 나타나? 식은(**은식**)땀 줄줄.

* 박은식-『한국독립운동지혈사』

　지혈이 안 돼, 식은(**은식**)땀 줄줄.

* 백남운-사회 경제 사학, 세계사의 보편적~, 정체성론 극복

　백남준의 비디오 아트, 돈(**경제**)을 벌다.

　백남준은 **세계**적인 인물!

　백남준 비디오 아트의 **정체**는?

* 이병도·손진태-진단 학회(실증)

　이 병도 진단, 손으로 **진단**.

　진단해서 (**병**을) **실**제로 **증**명.

* 대종교-중광단 조직 → 북로 군정서로 발전

　대종교 단체의 **중**이 **광**내고 **북**에 가서 **군인**들 **정서**를 바꿔
　놔. (특사)

＊천도교-제2의 3·1 운동 계획,『개벽』,『어린이』

(하늘에서 열리는 **천도**복숭아) **제2**의 장소 땅에서도 재배.

천도복숭아가 진짜 있다면 **개벽**할 일!

어린이들은 **천도**복숭아가 진짜 있는 줄 안다.

＊불교-한용운, 조선 불교 유신회

한 많은(지탄받은) **유신**체제.

＊원불교-박중빈, 저축 운동

중이 **빈**손으로 **원불교**를 창시. (대단!)

동그란(**원**) 동전. **저축**.

＊개신교-신사 참배 거부

신사 참배하라고 **개**지랄을 떨어.

＊천주교-고아원, 의민단 ○

천주님이 **고아**들을 불쌍히 여겨.

천주님(하나님)이 **의**로운 **민**을 찾아.

＊심훈(그날이 오면), 노천명(님의 부르심을 받들고)

그날이 오면 심하게 **훈**련 받은 걸 써먹자.

님의 부르심을 받은 건 **天命**.

Ⅲ
대한민국의 발전

1. 대한민국 정부 수립

＊카이로 선언-한국의 독립 약속
캬(**카**)~ 좋다! **독립**이다!!

＊조선 건국 준비 위원회-치안대 ○
건국 때 **치안** 상태가 불안.
건달들 때문에 **치안대 설치**.

＊송진우-민족주의 진영
송진가루(소나무)는 우리 **민족**의 표상.

＊모스크바 3국 외상 회의-미·소 공동 위원회 ○, 신탁 통치
결정
모세, 탈출에 성공! **미소**를 지어.
모세는 **신**이다!

＊미·소 공동 위원회(1차) 결렬 → 정읍 발언(남한만의 단독

정부~)

미소작전 실패? **정~** 안 되면 **남한**만 **단독**으로!

＊좌우 합작 운동-여운형, 김규식 → 7원칙 발표

좌우지간 **여유** 있는 운영(**운형**)자금은 필요.

좌우지간 구식(**규식**)은 안 돼!

좌우지간 행운의 러키세븐(**7**)을 잡아야!

＊미·소 공동 위원회(2차)-미·소 간의 냉전 심화로 결렬

냉전이 지속되는데 **미소**가 나와? 이(**2**)놈아!

＊애치슨 선언-극동 방위선에서 한반도 제외

에(**애**)이, **치**사한 놈! 단물 빨아먹을 땐 언제고~

2. 자유민주주의 발전

＊발췌 개헌-대통령 직선제

발칙(**직**)하게 **대통령**을 더해먹겠다고?

발을 **직선**으로 쭉 펴라.

＊사사오입 개헌-초대 대통령 중임 제한 철폐

오입쟁이에게는 **중임 제한**.

＊제3대 정·부통령 선거-장면 당선 → 조봉암 처형

　삼삼(3)한 **장면**을 포착!

　저(**조**) **봉**우리 암자의 삼삼(3)한 보살에 뽕~

　(한눈팔다 ×)

＊마산 시위-김주열 사망

　마귀가 산다? (불안) **주 열**심히 믿어.

＊5·16 → 박정희, 제5대 대통령으로 당선

　오오(55), 경제 개발(**박정희**)!

＊7대 대통령 선거-박정희 3선 성공

　3선 성공은 행운(7)!

＊10월 유신-대통령 간선제

　나쁜 **유신**체제는 간신(**간선**)들이 만든 것?

＊전두환-삼청 교육대, 중고생 두발 자율화, 프로 야구단

　삼청 교육대에 끌려가서 **전두엽**(머리)이 상해.

　두발이 **전두엽**(머리)을 가려.

　야구공이 **전두엽**(머리)을 때려. (야구장, 홈런)

＊6월 민주 항쟁-이한열 사망

이 한 몸에서 나는 **열**이 6도.

＊노태우-서울 올림픽
　　올림픽 때 성화가 불꽃을 **태우고**~

＊김영삼-지방 자치제, 역사 바로 세우기, 금융 실명제
　　우리 **지방**이 **영**~ **삼**삼! 놀러오삼.
　　바로 세우니 영~ **삼**삼!
　　실명(이름)이 **영**~ **삼**삼!
　　금이 **영**~ **삼**삼좋아!

＊김대중-국민 기초 생활 보장법, 여성부 신설
　　기초 생활 보장법으로 **대중**들의 삶이 나아져.
　　대중(남자)들이 **여성**을 보고 뿅~

3. 경제 성장과 대중문화의 발달 등

＊김영삼-OECD 가입
　　영~ **삼**삼하고 맛있는 오이(OE)!
　　영~ **삼**삼한 CD(정보)!

＊나진·선봉 자유무역 지대

나, 진하게(열심히) 선봉에 서서 자유를 외치나?

＊노태우-남북한 유엔 동시 가입, 남북 기본 합의서
　남북을 동시에 차에 태우고 유엔에 가.
　기본이 안된 건 불태우고~

＊노태우-한반도 비핵화 공동선언
　핵을 불태우고~ (비핵화)

＊김영삼-3단계 통일 방안 제시
　영삼이는 영~ 삼삼한 3을 좋아해.

＊김대중-경의선 복원·개성 공단 건설 추진
　대중들이 김대중에게 경의를 표해.
　대중(사람)들이 개성을 중시하기 시작.

＊노무현-참여 정부, 권위주의 청산, 금강산 육로 관광
　노무자로 참여. (취업)
　노무자 주제에 권위는 무슨!
　노무자들이 육로(땅)를 파.

＊센카쿠 열도(댜오위다오)
　다오! 다오! 더 달라고? 그래 생각코생각하고(센카쿠) 준다.

산업 사회와 국민 국가의 형성

1. 영국의 정치 변동과 산업 혁명

＊제임스 1세·찰스 1세-전제 정치(왕권신수설) → 청교도 박해

　007 **제임스** 본드 (인기 ↑) 거만해. (**신수**가 훤해)

　찬스(**찰스**)를 잡았다고 거만해.

＊찰스 1세-권리 청원 승인

　찬스(**찰스**)를 포착해서 **청원**.

＊청교도 혁명(크롬웰)-찰스 1세 처형

　청교도들이 찬스(**찰스**)를 잡고 왕을 **처형**.

　그놈의(**크롬웰**) **찬스**가 뭔지! (**청**색 **크**레용)

＊크롬웰-항해법, 금욕적인 독재 정치

　그놈의(**크롬웰**) **항해법**이 서툴러서 ×. (세월호)

　독재자 그놈의(**크롬웰**) 새끼가 놀지도 못하게 해.

＊크롬웰 사후-찰스 2세 ↑

　그놈의(**크롬웰**) 새끼가 죽었어? 왕이 될 찬스(**찰스**)!

＊왕정 부활-찰스 2세·제임스 2세 → 전제 정치

이(2)번이 **왕**이 될 찬스(**찰스**)!

007 **제임스** 본드 (인기 ↑) 이(2)분이 거만해.

＊명예혁명-제임스 2세 ↓ → 메리·윌리엄(공동 왕) ↑

007 **제임스** 본드 (**이** 사람아) **명예**롭게 물러나!

워리워리(**윌리**윌리)~ **메리**메리~ 두 마리 개가 **공동 통치**.

＊명예혁명-권리 장전

명예(성공). **장**하다!

권총에 실탄 **장전**, 결투. **명예** 회복!

＊조지 1세-하노버 왕조, 내각 책임제

내각을 **조지**다, 야당이. (**하**도 **노**니까 **조지**다)

＊산업 혁명(18c)

산업 혁명. 일을 빨(**18**)리해.

＊존 케이-나는 북

존이 **케이**오(녹다운). 나는 **북**(종)을 쳐. 땡땡땡!

＊하그리브스-제니 방적기

하, **그리** 폼을 재니(**제니**)?

＊제임스 와트-증기 기관 개량

증기. 앗(**와**), 뜨(**트**)거! 안 뜨겁게 **개량**.

＊스티븐슨(증기 기관차), 풀턴(증기선)

증기 기관차에서 스팀(**스티**)이 나와.

증기선을 타고 **풀**코스를 달리다 **턴**(돌아와).

＊애덤 스미스-자유방임주의, 『국부론』

애를 **자유**롭게 놀게 해.

아담한 손으로 **국부**를 가려.

＊기계 파괴(러다이트) 운동

다이너마이트로 **기계 파괴**.

＊사회주의-생시몽, 오언, 마르크스(공산당 선언)

오, 언제나 **사회주의** 부르짖는 너, 잘 사냐?

생시에도 꿈(**몽**)에서도 **사회주의**는 성공 ×.

사회주의(**공산당**)는 투쟁 → 몸이 **마르고 크**질 않아.

2. 프랑스 혁명과 국민 국가의 탄생

* 루이 16세-삼부회 소집

  삼부회 소집, **36**계 줄행랑을 논의.

* 국민 의회 결성 → 테니스코트의 서약

  의회 의원들이 **테니스**를 쳐.

* 지롱드파(온건파), 자코뱅파(급진파)

  지가 **롱**런하려고 **온건**. (부자 몸조심)

  자꾸 코를 **뱅**뱅 돌려. (**급**하게 하려고)

* 국민 공회-자코뱅파, 루이 16세 처형

  공회당에 모아 놓고 **자꾸 코**를 **뱅**뱅 돌려.

  육(**6**)혈포로 쏴. (**처형**)

  자동차 **공회**전하면 **처형**(벌금).

* 로베스피에르(자코뱅파)-국민 공회, 징병제, 공포 정치

  (웃기는) **피에로**가 **공회**당에서 공연.

  자꾸 코를 **뱅**뱅 돌리면서 웃겨.

  피에로는 **징병** 대상이 아냐. (불알 ×)

  피에로(**피에르**)가 **공포 정치**? 헐~

＊나폴레옹-오스트리아·프로이센 ×

　　나폴레옹 코냑을 마시고 오수(**오스**)에 빠져.

　　프로인 이 센 분도 **나폴레옹** 코냑 몇 잔에 녹다운.

＊나폴레옹-대륙 봉쇄령, 은행 설립

　　나폴레옹 코냑의 수입을 **봉쇄**.

　　은행에서 돈을 찾아 **나폴레옹** 코냑을 사.

＊나폴레옹 ↓ → 빈 체제 ○

　　빈속에 **나폴레옹** 코냑을 마셔.

　　나폴레옹의 **빈** 머리 수술, 비소 검출.

＊빈 체제-메테르니히(오스트리아) 주도

　　나폴레옹을 몇 대(**메테**) 때려!

　　오수를 **트리**(3) 시간이나 즐기면 **빈** 머리(깡통) 돼.

　　오수를 **트리**(3) 시간이나 즐기는 놈을 **몇 대** 때려!

＊빈 체제(메테르니히)-자유주의·민족주의 운동 탄압

　　자유를 탄압하는 놈을 몇 대(**메테**) 때려!

　　자유 탄압은 국민들 **빈** 머리 만들려는 것.

＊7월 혁명(프랑스)-샤를 10세(부르봉 왕조) ↓ → 루이 필
리프 ↑

7월 바캉스 때 **부르릉** 차를 타고 살을(**샤르**) 태우러 가.

7월 바캉스 때 **프랑**(돈)이 많은 누이(**루이**)가 **필리핀** 여행. (기분 ↑즉위)

＊7월 혁명-벨기에 독립, 이탈리아 자유주의 운동 ×

7월 바캉스 때 **벨**나게도 사람이 없다. **이거 탈**났군!

＊2월 혁명-선거권 확대 요구

2월은 추우니 가까운 곳에서 **선거**를 할 수 있게!

＊오스트리아 3월 혁명 → 빈 체제 ↓, 메테르니히 추방

3일 천하 일으킨 **빈** 머리들을 몇 대(**메테**) 때려!

몇 대(**메테**) 맞고 **빈** 머리(졸도).

＊차티스트 운동-노동자의 선거권 확대 요구

차를 타고 **선거**하러 가.

＊마치니-청년 이탈리아당

일을 **마치니** 칼퇴근 (누가 야근?) **이거 탈**났군!

아직 **청년**이라(젊어서) 그래.

＊카보우르-이탈리아 사르데냐 재상

이탈리아 카우보이(**카보우르**). (이태리 서부극)

카우보이가 마담의 살을 대냐(**샤르데냐**)? **이**거 **탈**났군!

＊카보우르-오스트리아 축출(프랑스 지원)

　프랑(돈)이 많은 **카우보이**, **오수를 트리**(3) 시간 즐겨.

＊가리발디(이탈리아)-시칠리아·나폴리를 바침(통일 완성)

　가려운 발(**가리발**)을 씻으(**시칠**)려~

　나폴리관광지는 인파로 **발 디**딜 틈이 없다. **이**거 **탈**났군!

　바쳐? 오~ 네가 가려(**가리**)운 델 긁어줘!

　물불을 안 **가리**고 돌진, **통일**!

＊프로이센-관세 동맹 체결

　프로인 **이 센** 분은 세금(**관세**)도 많이 내.

＊비스마르크(프로이센)-철혈 정책 → 오스트리아·프랑스
　격파

　프로인 **이 센** 분은 **비**쩍 마른(**마르**) 분.

　비쩍 마른(**마르**) 분이 **철혈 정책**? 헐~

　오수를 트리(3) 시간이나 즐기면 **비**쩍 마른(**마르**) 분에게
　도 져.

　오수를 트리 시간이나 즐기면서 **프로**인 **이 센** 분에게 덤비
　면 되남?

　프로인 **이 센** 분은 **프랑**(돈) 많은 사람도 이겨.

＊19c-낭만주의(쇼팽), 사실주의(톨스토이)

아이구(**19**), **낭만**은 그만 찾고 공부나 해.

쇼나 보면서 **낭만**적으로 살아.

아이구(**19**), 툴툴(**톨**)댔다는 게 **사실**이야? 샹!

＊19c-인상파(모네, 마네, 르누아르)

아이구(**19**), 아네**모네**의 인상이 슬퍼.

아이구, 네모모네얼굴의 **인상**이~

(여자) **마네**킹의 **인상**이 이뻥~ (**아이구**, 마누라의 **인상**이~)

느(**르**)이 **누**나 **인상**이 참 좋더라!

＊퀴리 부부-라듐 발견

나(**라**), 듬(**듐**)직한 남편 두었지롱~ (남편도 노벨상 수상)

3. 미국과 라틴 아메리카의 독립과 발전

＊독립군 지원-프랑스, 에스파냐

프랑(돈)과 스파냐(**에스파냐**, 무기) 지원.

＊요크타운 전투-독립군 ○ → 13개 주 독립(파리 조약)

승리. 욕(**요크**)봤네!

불길한 **13**일, 무탈. **욕봤**네!

불길한 **13**일, 상가는 **파리**만 날려. (외출 ×)

＊링컨-대통령 당선 → 남부 7개 주 연방 탈퇴
　행운(**7**)을 잡을 줄 알고 탈퇴, but 전쟁 ×.

4. 제국주의의 등장과 식민지 분할

＊아이티-노예 혁명, 프랑스에서 독립
　노예가 세운 나라라 **아이**, **티** 나네!
　프랑(돈)을 주고 **아이 티**를 사.

＊이달고-멕시코 독립 ↑
　이 달고 맛있는 **멕시**칸치킨.

＊모렐로스 신부-멕시코 독립 ↑
　멕시칸치킨 모델(**모렐**)이 **로스**구이 선전.
　신부님이 **멕시**칸치킨 모델로(**모렐로**)? 헐~

＊브라질-포르투갈에서 독립
　여성 포로(**포르**)의 **브라**스를 벗기고 고문. 헉!

＊볼리바르-베네수엘라, 콜롬비아, 에콰도르 독립 ↑

배(베)가 네 치(빵빵)라 볼일이 있어도 바로(**바르**) 못가.

볼일이 있으면 **콜**택시를 불러.

에스콰이어 구두를 신고 **볼**일을 보러 **바로** 가.

＊볼리바르-크리오요, '해방자'

볼리바르 아~ 그리워요(**크리오요**)!

볼일이 있으면 **바로** 해결사(**해방자**)를 찾아.

＊산마르틴-아르헨티나, 칠레 독립 ↑

산에서 마라톤(**마르틴**) 하듯 달리는 법을 **아르**켜 주삼.

산에서 **마라톤**. 7레(**칠레**)이스.

＊러시아-크림 전쟁 실패

혼잡한 **러시아**워. 땀. 얼굴의 **크림**이 ↓.

＊알렉산드르 2세-농노 해방령, 지방 의회 신설

알레(**알렉**)르기 유행. **농노**들 귀가(**해방**). (전염병)

알레르기 유행. **지방 의회**에서 대책을 논의.

＊브나로드 운동 → 알렉산드르 2세 암살

불나(**브나**)게 **로드**(길) 달려서 귀가. 알레(**알렉**)르기 유행으로.

＊독일-3B 정책

독하게 비(B)실비실.

* 베를린 회의-아프리카 분할 원칙
  배를(**베를**) 불리려는 술책.

* 영국-이집트 보호국화, 종단 정책
  이 집이 **영**~ 좋아! (**영**~ 종잡을 수가 없다)

* 프랑스-횡단 정책(마다가스카르~알제리 → 튀니지)
  프랑(돈)만 주면 휑(**횡**)하니 나가서 다 까먹고 와.
  프랑(돈) 주면 **마다**할 리 없지. (**프랑** 갖고 **튀**어라!)

* 벨기에-콩고 차지
  콩고물이 **벨**나게 맛있다!

* 파쇼다 사건-종단 정책 vs 횡단 정책
  종횡무진 날뛴다? 그건 **쇼다, 파쇼다**!

* 모로코 사건-프랑스 vs 독일
  (모로 가도 서울만 가면 된다)
  모로 가도 **프랑**(돈)만 벌면 된다. **독**종 소릴 들어도.

* 독립 유지-라이베리아, 에티오피아

독립. 나이(**라이**)스! **베리** 굿!

에이, **오피**스텔을 뺏지 못했네. (**유지**, **독립**)

＊네덜란드-인도네시아 차지, 향료 무역

네덜, 길을 **인도**할 때 새벽 **네 시**에 하라고 하면 죽겠지?

네덜도 향내 나는 여성에게 뿅?

＊영국-말레이 연방 수립

(수탈로) **영**~ **말**랐다.

＊영국-아프가니스탄 보호국화

영~ **아프가니**(**아프니**)?

＊영국-오스트리아·뉴질랜드 자치령화

오수를 **트리**(3) 시간 즐기면 **영**~ 좋아! (피로회복)

누(**뉴**)가 소리를 **질**렀어? **영**~ 안 좋아.

＊미국-파나마 운하 장악, 사모아를 두고 영국·독일과~

공부를 **파나마**나(**하나마**나)지? **미**역국 먹을 텐데.

(초강대국) **미국** 땅을 **사 모아**. (대박!)

영~ **독**한 놈들을 **사 모아**. (조폭들 세 불리기)

＊독일-마셜 제도 차지

독배를 마셔(**마셜**).

V

아시아·아프리카 세계의 변화와 민족 운동

1. 동아시아의 개항과 근대 국가 수립 운동

*임칙서-아편 몰수(광저우)

임의 몸에서 나는 **칙칙**한 냄새가 **아편** 냄새?

아편 몰수, **광**(곳간)에 보관.

*1차 아편 전쟁-난징 조약(공행 폐지 등)

난 징그러워서 **아편**을 못 피워.

난 징그러운 거 **공장행**(소각장).

*2차 아편 전쟁(← 애로호 사건)-텐진·베이징 조약

외로(**애로**)워서 또(**2**) **아편**을 피워?

천진하긴, 또(**2**) **아편**을 피워?

외로(**애로**)우면 댄(**텐**)스를 배(**베**)워.

아편 제조법을 배(**베**)워.

*텐진 조약-외국 공사의 베이징 주재, 10개항·크리스트교
포교 ○

외국인 공사관에서 **댄스파티**.

텐(**텐**). 10.

교회(**크리스트교**)에서 신식 **댄스**를 배워.

＊베이징 조약-러시아, 연해주 차지

연애(**연해**)하는 법을 배(**베**)워.

혼잡한 **러시아워**. 밀착. **연애**?

＊홍수전-상제회, 태평천국(난징)

홍수가 나지 않아야 **태평**.

홍수가 나면 **상조회**에서 도와.

난 징그런 놈인데 **태평천국**에 갈 수 있남?

＊태평천국-멸만흥한, 천조전무제

멸치**만 흥**하면(많이 잡히면) **태평**. (어부들)

태평천국에 들어갈 **천조**일우의 기회!

＊양무운동-증국번, 이홍장·중체서용

양무(서양 무)를 먹어야 중국(**증국**)이 ↑.

양무를 **홍장**에 찍어 먹어.

양무를 먹어야 **중**학생 **체**구가 ↑.

2. 일본의 제국주의적 침략과 동아시아의 변화

＊나가사키항-네덜란드와 무역

네덜 나가 놀아!

＊에도 막부 ↓ → 메이지 유신

애도(**에도**) 기간에 매이지(**메이지**) 않고 술집에~

옛것에 **매이지** 않겠다!

＊메이지 유신-징병제 ○, 신분제 ×, 신도의 국유화

징병은 젊은이들이 군에 **매이지**.

신분에 **매이지** 않고 공평하게.

신도들은 교주에 **매이지**.

＊메이지 유신-이와쿠라 사절단, 은행 육성

매이지 않고 활동, 성공. 이야(**이와**)~ **크**다!

은행의 적은 이자에 **매이지** 않고 살아. (연금)

＊메이지 헌법-프로이센 헌법 모방

프로인 **이 센** 분은 (어디에) **매이지** 않고~

＊메이지 유신 → 류큐(현 오키나와 현) ×

유구(**류큐**)한 역사에 **매이지** 않고 새롭게~

누구(**류큐**)야? 오기(**오키**) 부리는 놈이. **나와**!

＊청·일 전쟁 → 시모노세키 조약(일, 배상금 획득)

　청ㅇ이, 이놈의 새끼(**시모노세키**)들!

　이놈의 새끼들, 왜 우리 땅에서 싸워?

　이놈의 새끼가 이 돈으로 세를 불려.

＊시모노세키 조약-일, 랴오둥·타이완 차지

　이놈의 새끼 때문에 나(**랴**), 떨어지는 오동(**오둥**)잎 신세.

　이놈의 새끼를 **타이**로 목을 매 버릴까?

＊삼국 간섭-러시아, 프랑스, 독일

　간섭. 독프러. 독을 푼다.

＊삼국 간섭-랴오둥 반환 → 영·일 동맹 → 러시아, 용암포
　군사 기지 ○

　간섭을 하니 나(**랴**), 떨어지는 오동(**오둥**)잎 신세.

　간섭, 괴로워. ♪**영일**만 친구에게 가서 쉬어.

　혼잡한 **러시아**워. **용암**이 들끓는 듯한 느낌.

＊러·일 전쟁-일, 뤼순·러시아 발틱 함대 × → 포츠머스 조약

　일본을 누(**뤼**)가 **순**하다고 했나?

　혼잡한 **러시아**워. **발**을 탁(**틱**) 밟다.

너(러) 포츠(포즈)가 머쓱해.

*포츠머스 조약-일, 랴오둥·사할린 일부 차지, 조선 지배권 ○
포로들이 한탄. 나(랴), 떨어지는 오동(오둥)잎 신세.
일본 놈들아, 4할(사할)만 먹고 떨어져!
포로들의 4할은 죽었다.
조선이 포로가 되다.

*변법자강 운동(← 메이지 유신)-캉유웨이
한 모습에 매이지 않고 변장(화장)을 하고 다녀.
변장을 하고 신분을 속이고 깡(캉)다구?
유(당신), 마이웨이(멋대로)?

*변법자강 운동-서 태후 등의 반발로 실패
변장을 하고 서울을 태워. (네로, 로마 화재)

*의화단 운동-산둥, 부청멸양, 크리스트교 ×
가난한 산둥네에 거주. 의~ 화나!
부산서 청어멸치 양식이 안 돼. 의~ 화나!
크리스마스 선물을 못 받았어. 의~ 화나!

*의화단 운동-신축 조약(외국 군대 베이징 주둔 ○)
신축건물이 ↓, 의~ 화나!

주둔군 막사 **신축**.

＊쑨원-중국 동맹회, 삼민주의

　동맹을 맺을 때 **손**에 **문신**을 새겨. (단지동맹)

　순 원수 같은 놈이 **삼민주의**민주주의를 부르짖어?

＊민간 철도 국유화 시도 → 우창 봉기 → 신해혁명

　철도를 시냇(**신해**)가에 놓으면 안 돼. (붕괴)

　(**최초**로 당했다) **우**~ **창**피!

＊신해혁명 → 중화민국(쑨원 → 위안스카이)

　손의 **문신**을 시냇(**신해**)물에 씻어.

　위안부와 **스카이**웨이(**시냇**가)에 놀러가.

＊태평천국 → 양무 → 변법자강 → 의화단 → 신해

　태양 주**변**의 **신**비.

　태양 똥(**변**)을 **의심**(**신**)하라.

3. 인도와 동남아시아의 근대 국가 수립 운동

＊플라시 전투(18c)-영국, 프랑스·벵골 ×

　후라쉬(**플라시**)를 비추며 골목길을 뱅뱅(**벵**)~

프랑(돈)이 없어서 **후라쉬**를 못 사. (패배)
후라쉬가 없어서 일을 빨(18)리 못해.

＊세포이-델리 점령
세포(세균)가 달리(**델리**) 할 수 있는 거는 병을 유발.

＊세포이 항쟁 → 무굴 제국·동인도 회사 × → 인도 제국(빅
토리아 여왕)
세포(세균)에 **굴복**, **무릎**을 꿇(**굴**)다.
세포(세균)가 유행, **회사** 도산.
무릎을 **꿇**으니 영국인들이, "**빅토리!**"

＊벵골 분할령 → 인도 국민 회의 저항
길을 **인도**할 때 골목길만 뱅뱅(**뱅**)~
국민들이 뿔났다!

＊국산품 애용(스와데시), 자치 획득(스와라지)
국산품 시계 애용!
지방**자치 지**도자.

＊포르투갈-향신료 무역 독점
포로(**포르**)들이 여성의 **향**내를 맡고 뿅~
＊에스파냐-필리핀 점령

필로폰(**필리핀**)을 흡입하면 스파냐(**에스파냐**)로 후려쳐!

＊네덜란드-자카르타 진출, 보르네오 섬 점령

네덜 자, **카**(차)를 **타**.

네덜, **보르네오** 책상을 써봤니?

＊프랑스-인도차이나 지배(베트남, 캄보디아, 라오스)

길을 **인도** 해주면 **프랑**(돈)을 줄게.

베트콩들이 **프랑**(돈)에 넘어가.

컴(**캄**)온 **보**이, **프랑**(사탕)을 줄게 이리와!

나(**라**), **오**른손을 번쩍 들고 시위.

(**프랑** 올리도~)

＊호세 리살(필리핀 연맹)-에스파냐에 저항

더운 **필리핀**과 **연맹**(여행)하면 니(**리**) **살**이 **타**.

스파냐(**에스파냐**)로 후려치면 **니 살**이 ×.

＊아기날도(필리핀)-반미 항쟁

(아기에게) **필로폰** 흡입시켜서 **아기 날도** 못하게? 헉!

아기 날도 못하는데 **미국**말 교육.

＊인도네시아-아체 인 무장 봉기, 부티 우토모(지식인 중심)

아, **체**하네. (배탈) 새벽 **네** 시부터 안 좋아.

지식인은 **부티**가 난다.
새벽 **네 시**에는 니 **부티**를 아무도 모르지롱~

*인도네시아-이슬람 동맹(크리스트교 반대), 카르티니(여성 계몽)
　성 계몽)
　길 **인도**를 새벽 **네 시**에 하면 **이슬**을 볼 수 있다.
　네 시에 **이슬**을 맞으며 새벽기도회에 나오라고?
　샹(**반대**)!
　어머니가 새벽 **네 시**에 일어나서 가르치니(**카르티니**).

*베트남-간뿌옹(근왕) 운동
　베트콩들의 **근육**이 **왕**성좋아! (월남전 승)
　근육이 **왕**성하다고 **간**이 부(**뿌**)었어!

*판보이쩌우-베트남 유신회
　(땅굴 입구) **판**자를 뜯으니 **보이**네, **베트콩**들이.
　(박정희) **유신**, **판정패**!

*판보이쩌우-프랑스에 항쟁, 동유 운동,『월남 망국사』
　(숨긴) **판돈**(**프랑**)이 **보이**네. (급습)
　(식탁)**판**에 **보이**네, 동백유가.
　월남이 **판정패**, **망**!

*판쩌우쩐-통킹 의숙 설립

판자를 **쩌**서 **쩐** 베니아로 **의숙** 건립.

4. 서아시아와 아프리카의 근대 국가 수립 운동

*오스만 제국 쇠퇴 → 이집트 자치, 그리스 독립

이 집에서 오수(**오스**)를 맘껏 즐겨(**자치**).

오수만 즐길 때 **그리**로 탈출.

*탄지마트(개혁)-19c

(공기 ×) **탄광지**대에서 **마트** 개업?

(**개혁**적 발상)

아이구(**19**), **탄광지**대에 웬 **마트**?

*탄지마트(오스만)-징병제

오수만 즐기면 **탄광**에서 일해. (고생)

징병을 기피? **탄광**에 보내. (대체복무)

*오스만-술탄의 전제 정치 → 청년 튀르크당 혁명

술에 **탄** 과실주만 마시고, **오수만** 즐긴다고

청년들이 투르르(**튀르**) 총을 쏴.

＊아라비 파샤(이집트)

이 집에서 앓아(**아라**) 누워. 팍삭(**파샤**) 늙어.

＊아라비아-와하브 운동(18c, 오스만 제국에 반대하는~)

아라비아 사막이 **와하**~ 넓다!

와하~ 일을 빨(**18**)리 하네!

와하~ 오수만(**오스만**) 즐기네! 시러~

＊알 아프가니-이슬람 세계의 단결 강조

이슬만 먹고 살더니 **아프니(아프가니)**?

＊카자르 왕조(이란)-담배 불매 운동

담배를 칵! 잘라(끊어).

담배 값 인상, **이거** 난(**란**)리 났군!

＊수단-아흐마드, 마흐디(구세주) 운동

아흐~ **수단**이 좋아!

수단을 부리고 **마구 흐**뭇해해!

구세주는 **수단**(능력)이 좋아!

구세주가 **마구 흐**뭇해해. (의인을 만나서)

＊알제리-30여 년간 프랑스에 저항

프랑(돈)을 벌려고 **30여 년간**이나 **알**박기?

＊줄루 왕국(남아프리카)-이산들와나 전투 ○

이 산과 **들**에 사람들이 줄을(**줄루**) 서고 있다. (뭘 주남?)

(공연장에) **남아**들이 **줄을** 서.

＊에티오피아-메넬리크 2세, 이탈리아의 침략 ×(아두와 전투)

아프리카의 사자별명가

오피스텔을 뺏으려고 매(**메**)일 혀를 낼(**넬**)름.

오피스텔 붕괴. **이거 탈**났군! **아, 도와**줘!

＊이탈리아-에티오피아 독립 승인

좋은 **오피**스텔을 준다고 해도 안 넘어가. **이거 탈**났군!

＊나미비아-헤레로 족, 독일에 저항

나미가 **비아**그르를 먹고 헬렐레(**헤레**)~ ^^

비아그르는 **독**한 약.

＊탄자니아-마지마지 봉기(주술사), 독일에 진압

마지막에 **탄**환을 맞고 죽다.

마지막에 **주술사**(점쟁이)를 찾아.

탄가루는 **독**해.

VI

현대 세계의 전개

1. 제1차 세계 대전과 전후의 세계

＊발칸 반도-범슬라브주의 vs 범게르만주의

　　범이 **슬라**브 지붕을 뚫고 들어가 게으른(**게른**) 놈을 잡아가.

　　가족들이 발칵(**발칸**)!

＊사라예보 사건-세르비아 청년, 오스트리아 황태자 부부 암살

　　황태자가 세알의 **비아**그르를 한꺼번에 먹고 ×.

　　(약물과용)

　　암살은 **사**전에 **예보**를 안 해.

＊사라예보 사건 → 오스트리아·헝가리, 세르비아에 선전 포고

　　세알의 **비아**그르를 **사라.** (광고)

　　오수(**오스**)를 트리(**3**) 시간이나 자게 하는

　　세알의 **비아**그르를 버려!

　　난 **헝그리**, but 넌 **세**알의 **비아**그르를 한꺼번에 처먹어? 샹!

＊러시아-세르비아 지원

혼잡한 **러시아**워 때, **세알**의 **비아**그르 광고지를 돌리게 해.

＊세르비아-범슬라브주의

　슬라브 집에서 **세알**의 **비아**그르를 먹어.

＊오스트리아·헝가리-범게르만주의

　오수(**오스**)를 **트리**(3) 시간이나 즐기는 게으른(**게르**) 놈.

　헝그리들은 게을(**게르**)러.

＊파리 강화 회의(1919) → 윌슨 14개조 원칙 → 베르사유 체제

　아이구아이구(**1919**), **파리**만 날려. 배를(**베르**) 굶어.

　윌 스미스(**윌슨**)가 14천리로 적을 ×. (영화배우)

＊베르사유 조약-패전국에 대한 응징

　패전국은 배를(**베르**) 굶겨라!

＊독일-알자스·로렌 상실

　알자배기 땅을 뺏기고 얼굴이 노래(**로렌**).

＊베르사유 체제 → 국제 연맹 ○

　배를(**베르**) 굶는 (힘없는) **국제 연맹**.

＊워싱턴 군축 회의(1921)

워어~ **싱**싱한 아가씨!

이 일**(21)**을 어캐! 놈이 성희롱.

총을 맞지 않아서**(군축) 싱**싱!

＊로카르노 조약-문제를 평화적으로 해결

카, 르노자동차 사고, **평화적 해결**.

＊부전 조약(켈로그-브리앙 조약)

켈로부대**(전쟁)**를 부리**(브리)**지 않기.

＊10월 혁명-볼셰비키(레닌) 봉기 → 소비에트 정부 ○

네 이놈**(레닌)**, 왜 **볼**을 세**(셰)**게 때려?

암기법이 쉽네**(10레)**, 힘을 **소비** 안 해.

10월(관광철)은 돈을 **소비**.

＊볼셰비키(다수파), 멘셰비키(소수파)

다수가 **볼**을 세**(셰)**게 때리면 아프당~

혼자**(소수)**라 맨**(멘)**날 세**(셰)**상을 비관.

＊레닌-신경제 정책(NEP), 코민테른 ○

네 이놈**(레닌)**, 네**(NE)**가 푼**(P)** 코를 닦아.

네 이놈, 코밑에**(코민테)** 털 좀 깎고 다녀라.

＊5·4 운동-일본의 21개조 요구 ×

　오사(**54**)할, 이 일(**21**)을 어캐!

＊장제스-국민당

　우리 **국민**들은 **제스**처를 쓸 줄 몰라.

　국민들은 개새(**개석**)끼를 좋아해. (보신탕. **장개석**)

＊대장정-산시 성 옌안 도착

　(엄청난 희생) 앤 안(**옌안**) 되겠다. **산**에 **시**체를 ↓.

＊네루(인도)

　네가 누(**루**)구 맘대로 길을 **인도**하겠다고 나서? 샹!

＊호찌민-베트남 공산당, 프랑스에 저항

　호, **찌**들은 **민**들은 **공산당** 유혹에 잘 넘어가.

　프랑(돈)에 잘 넘어가.

＊수카르노-인도네시아 국민당

　길 **인도**를 (새벽) **네 시**에 했어요.

　수고했어, **르노** 자동차 타고 **카지노**에 가서 놀아.

　카지노는 **국민**들이 안 좋게 봐요.

＊시암-청년 장교들의 쿠데타 → 타이(독립 유지)

시합(**시암**) 때 **청년**들이 잘해서 **타이스코어**.
타이스코어. 동률(**독립 유지**).

＊팔레비 왕조(이란)

팔려(레)가는 **비**. (왕비가 팔려가)

이거 난(**란**)리 났네!

＊무스타파 케말(오스만)-술탄 ×, 여성의 참정권 ○

머리에 **무스**를 바르고 **오수만** 즐기기 없기.

술에 **탄** 과실주만 마시지 않기.

머리에 **무스**를 바르고 **여성**들 희롱 않기.

＊이집트-자글룰 파샤의 반영 운동 → 와프드당 설립

이 집에서 자꾸 굴(**자글룰**)러. (층간소음)

와이프가 **이** 집을 뜯(**트**)고 아파트로 가자고.

2. 제2차 세계 대전과 국제 연합의 성립

＊루스벨트-테네시 강 개발

입술에 **루즈**를 바르고 멋진 **벨트**를 찬 여성이 **테네시**에 가.

＊무솔리니(이탈리아)-파시스트당 → 에티오피아 침공

무슨 소리만 들리면 귀를 **솔깃**(귀가 얇아).

이거 탈났군!

파가 시들시들. **이거 탈**났군!

오피스텔 분양 소리만 들리면 귀를 **솔깃**.

＊나치당-바이마르 공화국 ×

찬물에 밥 말아(**바이마르**) 먹는 거 **나, 치**를 떨어!

＊프랑스 남부(비시 괴뢰 정권), 드골(영국 망명)

프랑(돈)이 없으면 비실비실(**비시**).

(힘없는) **괴뢰 정권**은 비실비실(**비시**).

도망갈 때 **드**럽게 **골**나.

＊독일-바이마르 공화국 수립

(패전한) **독일**가난. 찬물에 밥 말아(**바이마르**) 먹어.

＊노르망디 상륙 작전(1944) → 프랑스 해방

노름(**노르**)꾼은 **망**해! 죽어(**4**), 죽어(**4**)!

죽으면 **프랑**(돈)에서 **해방**.

＊샌프란시스코 회의-일, 주권 회복(1951)

일본이 벌써? 오, 일(**51**)러!

센 놈이 뒤를 봐줬나?

＊대서양 헌장-국제 연합의 이념적 기초
　대서소에서 **기초** 서류를 작성.

＊카이로 회담-한국의 독립을~
　독립. 캬(**카**)~ 좋다!

＊얄타 회담-독일 영토 분할, 소련 참전, 국제기구 창설
　분할하면 얇다(**얄타**).
　음흉한 **소련**이 참전? 얄궂다(**얄타**)!
　얄개, **국제기구**에 근무.

＊포츠담 회담-4개국, 일본에 무조건 항복 권고
　원, 투, 쓰리, **포**(4). **4개국**.
　항복 안 하면 **포**를 쏜다!

＊뉘른베르크 전범 재판
　재판. 얼굴이 **뉘**렇게 뜨다. 누런(**뉘른**) 얼굴.

3. 전후 세계 질서의 전개

＊트루먼 독트린-공산주의 세력 확대 저지
　공산당이 까불면 투르르(**트루**) 총을 쏴!

＊마셜 계획-서유럽 경제 원조

마셔(**마셜**), 마시고 힘내! (**경제**)

＊코메콘-동유럽 경제~, 마셜 계획에 대항

동백유 → 코를 쏘는 매콤(**메콘**)한 냄새.

우리도 마시자. **코**를 쏘는 매콤(**메콘**)한 걸로.

＊파키스탄-이슬람교도 다수

새벽**이슬**이 맺힐 때 **파견**을 나가. (조근)

＊실론-스리랑카로 바뀜

실실 웃으며, ♪**스리**스리 동동~

＊동파키스탄-방글라데시로 독립

수도관 **동파** (수도관 판매상이) **방글**방글 웃어.

＊독립-레바논·시리아(← 프랑스), 요르단(← 영국)

네(**레**)가 **바라**던 **논**을 **프랑**(돈)을 주고 샀어.

프랑이 없으면 몸이 시려(**시리**).

요러단(**요르단**) **영**~ 안 되겠다!

＊나세르(이집트)-수에즈 운하 국유화

이 집을 **나**, **세**를 놓을 거야. **운하**를 돌려줘.

＊콜롬보 회의(평화 5원칙), 반둥 회의(평화 10원칙)

　오(5)랫동안 **콜록콜록** 기침을.

　오, 콜롬보 형사!

　번둥번둥(**반둥**) 놀면 **10원** 한 장 못 벌어.

＊닉슨 독트린-냉전 완화(데탕트)

　맛이 **닉**닉. 싱겁거나 맵지가 않아. (**완화**)

　데이트(**데탕트**), 기분 쨩!

＊닉슨-소련·중국 방문

　적진에 들어갈 때 **닉**네임(정체)을 숨겨.

＊몰타 회담(냉전 종식), 흐루쇼프(평화 공존 정책 ↑)

　물 타(**몰타**)서 뜨거움을 식혀. (**종식**)

　공산주의가 **흐물흐물** 녹아. (**평화**)

4. 현대 세계의 변화

＊고르바초프-개혁·개방 정책

　고르게 살려면 **개혁**!

＊헝가리-민주화 시위, 복수 정당제

헝그리들이 **시위**. (돈 올리도 으샤으샤~)

헝그리들의 **복수**에 물이 차. (가난, 병)

*폴란드-바웬사, 자유 노조 → 자본주의 체제 도입

밖(**바**)에 **웬** 사람들이 **폴짝폴짝**? **노조**가 데모.

자본이 많아서 **폴짝폴짝**! (기분 ↑)

*유고슬라비아 연방-내전 발생

(박정희) **유고** → **내전 발생**(12·12)?

*덩샤오핑-경제 성장, 흑묘백묘론, 톈안먼 사건

경제의 **덩**치가 커졌다.

흑이든 **백**이든 **덩**치만 크면 돼.

덩치가 큰 천안문(**톈안먼**)을 사와.

*알바니아 계(이슬람교), 세르비아(그리스 정교)

알바들이 새벽**이슬**을 맞으며 일을 나가. (고생)

세알의 **비아**그르를 **그리 정교**하게 잘 만들었다. (효능 ○)

*리우 선언-환경 문제 해결을~

비(**환경**)오니 니(**리**), **우산** 써.

우리(**리우**)의 **환경**은?

연상 기억법을 활용하면

빨리 기억해서 남는 시간을 다른 것에 유용하게 쓸 수 있다.

유연하고 복합적인 사고로 바뀐다.

좋아진 상상력은 창의력이 요구되는 일에서 당신을 도와준다.

점점 더 많이 기억할 수 있게 된다.

연상 기억은 자신의 뇌를 활성화하는 가장 좋은 연습.

창의력과 상상력 향상에 큰 도움.

아주 별난 연상을 하면서 점점 재미를 느낄 것.

가능한 쓸데없는 시간을 들이지 않고 요령 있게 외우기.

정말 손쉬운, 약간의 연구로 이제까지의 귀중한 시간을 일거에
단축.

좀 더 쉽고 즐거운 공부, 한층 더 효과적인 공부를 위해!